心のモヤモヤがスッキリ消える仏教の言葉

法恩院住職　鳥沢廣栄

彩図社

はじめに

仏教と聞いて、どのようなイメージを持つでしょうか。

難しい熟語が頻出する宗教、意味がよくわからない宗教、あるいはお葬式のイメージが強いかもしれません。

しかし、仏教はお葬式だけの宗教でもなければ、難解で親しみにくい宗教でもありません。本来の仏教は、〝安楽な生き方を説いた宗教〟なのです。

本書は、その教えを、誰にでも分かりやすい形で解説したものになります。

世の中には、いろいろな悩みを抱えている方がいます。私のお寺にはそうした方がご相談に来られます。苦しみや悩みを抱え、生きることに行き詰まった方が来られるのです。そうした方たちは苦しい胸のうちを語ります。

「この先どうしていいのかわからないのです」

生きることの辛さ、会社での人間関係、親子関係、先行きの不安、陰鬱《いんうつ》な思いなど、悩みは様々です。しかし、救いがないことは決してありません。どんな方にも救いはあるのです。

弘法大師空海は、『般若心経秘鍵《はんにやしんぎようひけん》』の中で次のように説いています。

「迷悟《めいご》我にあれば発心すれば即ち至る」

迷いも悟りも自分の中にある。その迷いや悩みから、救われたい、助かりたい、安らぎが欲しいと望めば、それは得られるものであり、自分自身の考え方や行動一つで未来は変わっていくという意味です。

考え方を少し変えたり、世の中を見る角度を少し変えれば、生きる希望は見えてくるものです。それを説き明かし、安楽な世界へと導いてくれるのが仏教なのです。

お寺を訪れる悩みを抱えた方たちは、仏教に触れることにより、悩みを生きる希望に変えて帰っていかれます。

仏教には自分の生き方を変える言葉がたくさんあります。生きる希望が湧いてくる言葉が数多く語られています。そのことを多くの方に伝えたいと思い、本書を記しました。

この本を読んで、少しでも生きる希望が得られるならば、幸いに思います。あなたの心に響く言葉が、きっと見つかることと思います。

合掌。

心のモヤモヤがスッキリ消える仏教の言葉　目次

はじめに …… 2

第1章 心のモヤモヤが消える仏教の言葉

身心脱落《しんじんだつらく》 …… 12
——時には脱落することもいいのです

洗《あら》い晒《ざら》し …… 14
——悲しい過去は洗い流してしまいましょう

大悲三念住《だいひさんねんじゅう》 …… 16
——すべては平等なのです

三界《さんがい》に家《いえ》なし …… 18
——安住の地がないのは誰もが同じです

意地《いじ》を張《は》る …… 20
——張るならいい意地を張りましょう

四苦八苦《しくはっく》 …… 22
——逃れるのではなく受け入れることです

無住処涅槃《むじゅうしょねはん》 …… 24
——居場所にこだわる必要はありません

自性清浄心《じしょうしょうじょうしん》 …… 26
——人の心は本来は清らかなものなのです

休息万事《きゅうそくばんじ》 …… 28
——たまにはしがらみを断ち切りましょう

厭障観《えんしょうかん》 …… 30
——心を軽くする瞑想法です

不覚《ふかく》 …… 32
——不覚の奥にこそ覚りがあります

我慢《がまん》 …… 34
——我慢はしてはいけません

山川草木悉有仏性《さんせんそうもくしつうぶっしょう》 …… 36
——あなたにも覚ることができる力があります

機根不同《きこんふどう》——いろいろな人間がいて当然なのです……38
懺悔罪障《さんげざいしょう》・滅罪生善《めつざいしょうぜん》——深く懺悔をすれば罪は消えるでしょう……40
上品《じょうぼん》と下品《げぼん》——できることなら上品に生きたいものです……42
煩悩即菩提《ぼんのうそくぼだい》——煩悩が多いことは悪いことではありません……44
如実知自心《にょじつちじしん》——自分の嫌なところも素直に認めましょう……46
無念《むねん》——無念でいいのです……48
観念《かんねん》——いつも観念してみましょう……50
無貪著《むとんじゃく》——無頓着というのはいいものなのです……52
凡聖不二《ぼんしょうふに》——仏も凡人も同じ人間です……54
成仏《じょうぶつ》——生きているうちに成仏しましょう……56
七佛通戒偈《しちぶつつうかいげ》——善悪とは周囲の人が決めるものです……58
一大事《いちだいじ》——解決できない一大事はありません……60
如行雲流水《にょこううんりゅうすい》——流れる雲や水のように生きていきましょう……62
宴《えん》——見方を変えれば苦しいことも楽しくなります……64
大欲得清浄《たいよくとくせいせい》——どうせ持つなら大きい欲を持ちましょう……66
断見《だんけん》——人生は一度限りではありません……68

極楽《ごくらく》のありか――極楽も地獄も自分の中にあるのです……70
合掌《がっしょう》――自分自身の真実の姿を表しています……72

第2章 目の前の道が開ける仏教の言葉

挨拶《あいさつ》――すべては挨拶から始まります……76
不定《ふじょう》――未来は決まってはいません……78
迷信《めいしん》――迷信したときは心をリセットしましょう……80
真仮大勢《しんかだいせい》――理解してもらえる話し方をすることが大切です……82
他力本願《たりきほんがん》――無責任な道ではありません……84
帰依三宝《きえさんぽう》――まずは信じてみることです……86
玄関《げんかん》――世界の入口はいろいろなところにあります……88
入院《にゅういん》する――自己を見つめるチャンスかもしれません……90
無我無畏《むがむい》――我から解放されれば楽になります……92
四摂事《ししょうじ》――人を救う四つの手段を心がけましょう……94
無財《むざい》の七施《ななせ》――誰にでもすぐにできる布施です……96
信解《しんげ》――信じることは力を生みます……98

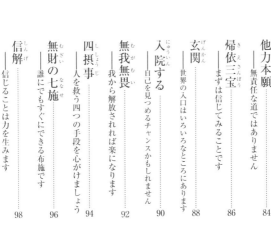

禁欲《きんよく》——俗か聖かの分かれ道は自分が決めるのです……100
誘引開導《ゆういんかいどう》——引導する者には責任があります……102
掲諦掲諦《ぎゃーていぎゃーてい》——最高の境地に至った瞬間を体験できます……104
一念発起菩提心《いちねんほっきぼだいしん》——覚りを求める気持ちを忘れないようにしましょう……106
妙観察智《みょうかんざっち》——何事も客観的に眺めることが大切です……108
迷倒自纏《めいとうじてん》——時には考えるのをやめて開き直りましょう……110
十善戒《じゅうぜんかい》——完全には守れなくてもいいのです……112
和光同塵《わこうどうじん》——孤高の聖者では人を救うことはできません……114
微妙《みみょう》——簡単にすませずに自分の感想を持ちましょう……116
勘弁《かんべん》してください——相当な決意が込められた言葉です……118
応機接物《おうきせつもつ》——相手に応じて接し方を変えましょう……120
善知識《ぜんちしき》——知識があればいいわけではありません……122
外道《げどう》・極道《ごくどう》・中道《ちゅうどう》——道はいろいろあります……124
縁起《えんぎ》を担《かつ》ぐ——すべての物事には原因があります……126
道徳《どうとく》——覚りに至る道を歩きましょう……128

第3章 大切な気付きをくれる仏教の言葉

御利益《ごりやく》――求めるものではありません …… 132

相好《そうごう》を崩《くず》す――見る人によって表情が変わります …… 134

まんじゅう――やわらか頭になりましょう …… 136

内証《ないしょう》――言葉を惜しんではいけません …… 138

旦那様《だんなさま》――見返りを求めないのが旦那様です …… 140

維摩居士《ゆいまこじ》――俗にあって俗に染まらない人を目指しましょう …… 142

未在《みざい》を知《し》る――まだまだやることはあります …… 144

刹那《せつな》――この瞬間の積み重ねが未来に繋がっています …… 146

四無量心《しむりょうしん》――あなたには四つの美しい心があります …… 148

阿吽《あうん》の呼吸《こきゅう》――阿吽に人の一生があります …… 150

悪《あく》の権化《ごんげ》――見た目で人の善悪は判断できません …… 152

依度作意《えたくさい》――頼りになるのは自分自身しかありません …… 154

律儀無表《りつぎむひょう》――善い行いが習慣になることが本物です …… 156

お彼岸参《ひがんまい》り――彼岸と此岸とがあります …… 158

精進料理《しょうじんりょうり》――たまには肉料理を離れてみましょう……160
我利我利亡者《がりがりもうじゃ》――執着が人を餓鬼にしてしまいます……162
三昧魔《さんまいま》――集中と夢中は異なるものです……164
三明《さんみょう》・六通《ろくつう》――求めるものではありません……166
因縁生滅理《いんねんしょうめつり》――生きながら我を滅すれば覚りに至ります……168
大袈裟《おおげさ》――身の丈に合ったものを着ましょう……170
暗証《あんしょう》――知ったかぶりはやめましょう……172
金輪際《こんりんざい》――あまりにも遠すぎる距離です……174
上求菩提下化衆生《じょうぐぼだいげけしゅじょう》――あなたも菩薩になれます……176
億劫《おっくう》――とてつもなく長い時間です……178
用心《ようじん》する――心配りが大切です……180
覚悟《かくご》――覚りとは積極的なあきらめでもあります……182
退屈《たいくつ》を退《しりぞ》ける――生きることに退屈しないようにしましょう……184
知事《ちじ》――お寺にも知事がいます……186
第六天《だいろくてん》の外道《げどう》・天魔《てんま》――天魔の誘惑にご注意ください……188
拈華微笑《ねんげみしょう》――伝える努力があってこそ以心伝心は生まれます……190

第1章

心のモヤモヤが消える仏教の言葉

時には脱落することもいいのです

身心脱落《しんじんだつらく》

（典籍：「正法眼蔵」）

世間ではよく「脱落してはいけない」といわれます。脱落することは、敗者になることを意味している場合が多いようです。

しかし、仏教ではまったく逆の意味になります。脱落者は尊敬されるのです。また、「脱落せよ」と指導されるくらいです。

仏教でいう脱落とは、解脱と同じ意味合いがあり、一切の苦しみや煩悩、束縛から解放されることを示しています。禅では「身心脱落」といいます。座禅を通し、身も心も何のとらわれもない、自由自在の境地に至るのです。

仕事でも勉強でも必死になって先頭集団にいることも結構なことですが、たまには脱落してみてもいいのではないでしょうか。肩の力を抜いて、張っていた気を緩め、休んでみるのもいいものです。先頭にいては見えないものが、脱落することで見えてくるでしょう。先頭では味わえない、ゆったりとした気持ちも味わえるでしょう。

走りっぱなしでは、疲れてしまいますし、気持ちがギスギスしてしまいます。たまには仕事や勉強、生活から脱落して、心に余裕を持ってみてはいかがでしょうか？

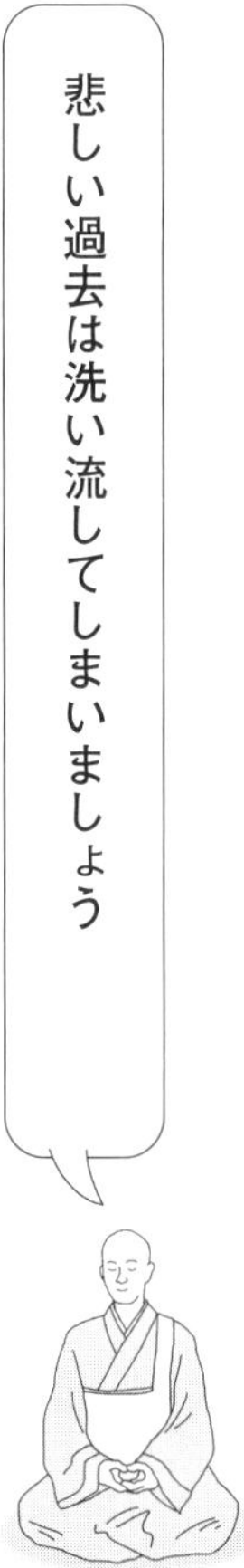

洗《あら》い晒《ざら》し

（「千日ざらし」ともいう）

あなたは、忘れられないような悲しいことやつらいことがあったとき、どのようにしているでしょうか。お酒などを飲んで無理やり忘れようとしているのでしょうか。

流水灌頂供養《りゅうすいかんじょうくよう》という供養の方法があります。塔婆《とうば》に戒名を書き川に流したり、戒名を書いた塔婆を川に立てたりする供養です。昔は、塔婆ではなく、布に経文《きょうもん》と戒名を書いて川に晒すことが多かったようです。特に幼くして亡くなったお子さんや産まれてこられなかったお子さんの供養のために、赤い布に経文と幼子の名前を和尚さんに書いてもらい川に晒したのです。

川に晒された布は、日が経つにつれ色あせていきます。赤い布も白っぽく変色し、経文も子供の名前もやがて消えていきます。それと同時に子供を失った母親の悲しみも洗い流されていきます。洗い晒すものは布だけでなく、愛しい人を失った悲しみなのです。

あなたにどうしても忘れられない悲しい過去やつらい出来事があるのなら、そのことを布に記し、洗濯をして洗い流してみるのもいいかもしれません。布に記した悲しい過去やつらい出来事も、やがて布の文字が薄れるように、消えていくことでしょう。

大《だい》悲《ひ》三《さん》念《ねん》住《じゅう》

（典籍：「有部律」）

人は差別をします。自分を慕ってくれる者を優先したり、庇護したりします。自分にとって不都合な相手には冷たくもなります。人は他人に対して、その関係に差をつけるものなのです。

ところが、覚《さと》りを得た者にはこの差別はありません。仏教を信じ信仰を深く持つ者に対しても、仏教をまったく信じない無信心な者に対しても、半信半疑の者に対しても、如来や菩薩は平等に接し、常に正しき智慧を念じているのです。これを「大悲三念住」といいます。

「三」は、信仰の篤い者、無信仰の者、半信半疑の者の三種の衆生《しゅじょう》のことを表しています。どのような相手に対しても、如来や菩薩は平等に接する、大いなる慈悲心を持っているのです。

あなたと敵対する相手でも、仲良くない相手でも、もし相談を持ちかけられたり、救いを求めてきたりしたならば、そのときは話を聞いてあげるといいでしょう。友人でなくても友人と同じように平等に話を聞いてあげましょう。差別や区別をしない態度こそが大切なのです。

安住の地がないのは誰もが同じです

三界《さんがい》に家《いえ》なし

（典籍：「無量寿経」「倶舎論」など）

「三界に家なし」という言葉があります。三界とは「欲界《よっかい》、色界《しきかい》、無色界《むしきかい》」の三つの世界のことです。

欲界とは「欲のある者が住む世界」のことで、地獄から神々が住む天界の一部の世界です。色界は「肉体と精神は存在するが、欲が無くなった世界」で、梵天《ぼんてん》が住む世界から大自在天《だいじざいてん》の住む世界までのことです。無色界とは「欲も肉体も消滅した世界」、つまり、精神世界です。その中で最も清浄なる精神が行き着く世界が有頂天です。したがって、三界とは地獄から有頂天までの世界のことなのです。

三界に家なしとは、地獄から有頂天まで安楽に住むことができる世界はない、という意味です。なぜなら、これらの世界は輪廻する世界だからです。

お釈迦様は「この世は、苦の世界である」と説いています。地獄にいる者から有頂天に至る神々まで、すべての命が苦しみを抱えて生きているのです。人間だけが苦を抱えているのではありません。

三界に家がない――安楽に過ごせる場所がないのは人間ばかりではないのです。神様でも安楽に過ごせる場所がないのです。そう思うと、ちょっと気楽ではないでしょうか。

張るならいい意地を張りましょう

意《い》地《じ》を張《は》る

（典籍：「倶舎論」）

仏教では、人間の働きを「眼によるもの、耳によるもの、鼻によるもの、舌によるもの、身体の接触によるもの」の五種類にわけます。これを五蘊《ごうん》といいます。

眼・耳・鼻・舌・身体の働き自体には、善も悪もありません。しかし、ここに思いが入ると「善」「悪」「どちらでもない」という感情が生まれます。見たい見たくない、聞きたい聞きたくない、いい匂い嫌な匂い、いい味悪い味、触れたい触れたくない、または何とも思わない、という欲が生じるのです。その欲を生じさせる元である思いのことを「意地」といいます。意地は五蘊を支配しているのです。

仏道修行者は、この五蘊を欲の支配から解放しようとします。見たい・聞きたい・嗅ぎたい・味わいたい・触れたいという欲をコントロールするのです。つまり、五蘊を支配している意地を支配するのです。ですから、修行中、うまく意地がコントロールできると「今の意地はいい」となりますし、意地がうまく扱えないと「意地が悪い」となるのです。

意地を張って頑張るのもいいことでしょう。しかし、意地を張るならいい意地を張って欲しいものです。

逃れるのではなく受け入れることです

四《し》苦《く》八《はっ》苦《く》

（典籍：「涅槃経」）

あなたは今、四苦八苦していますか。四苦八苦している方も、そうでない方もいらっしゃるとは思いますが、実は皆さん四苦八苦しているのです。日本人だけではありません。この世に生を受けた人々、全人類は四苦八苦しているのです。

四苦八苦とは、基本的な四つの苦しみである生老病死と、生活上の四つの苦しみ愛別離苦《あいべつりく》・怨憎会苦《おんぞうえく》・求不得苦《ぐふとくく》・五陰盛苦《ごおんじょうく》のことです。

老いること、病気になることは苦しみです。死も当然ながら苦しみを伴うものです。老いや病気・死の苦しみが生まれたのは、この世に誕生したからです。そのため、生も苦しみなのです。

また、愛する者との別れ（愛別離苦）、嫌な相手や憎い相手と出会うこと（怨憎会苦）、求める者や物、立場、望みが得られないこと（求不得苦）、五蘊が欲望にさいなまれ、精神とのバランスを崩すこと（五陰盛苦）も苦しみです。

これらの苦しみは避けられるものではありません。誰にでも平等に訪れます。

逃れる方法は、ただ一つ。四苦八苦は当然であると受け入れることです。世の中は思う通りにはならないと理解すれば、四苦八苦はあなたから去っていくでしょう。

居場所にこだわる必要はありません

無《む》住《じゅう》処《しょ》涅《ね》槃《はん》

（典籍：「摂論」）

涅槃とは、サンスクリット語のニルバーナを音写したものです。本来の意味は「火を吹き消した状態」です。これが「煩悩をすべて消した状態」を意味するようになり、覚りの境地を涅槃というようになりました。涅槃とは、すべての煩悩を吹き消した、心が静かな状態のことなのです。

涅槃に至ることとは、覚りの世界に入ることです。そこは迷いの世界ではありません。涅槃に至った心は、迷いの世界にはないのです。しかし、そうした涅槃は真実の涅槃ではありません。なぜなら、「覚りの世界」「迷いの世界」という区別があるからです。真の涅槃にはその区別がないのです。つまり、真の涅槃に至ると、その心はどこにも住まいがなくなるのです。これを「無住処涅槃」といいます。

居場所がないのは、つらく寂しいと思うかもしれません。しかし、居場所にこだわる必要はありません。そもそも居場所などないのです。真の涅槃に至れば、どんな場所にも住しないのです。それは裏を返せば、すべての場所が居場所でもあるということです。

この世には心の居場所がありません。しかしそれは、この世のすべてが心の居場所であることと同じなのです。居場所がないのではなく、すべてがあなたの居場所なのです。

人の心は本来は清らかなものなのです

自《じ》性《しょう》清《しょう》浄《じょう》心《しん》

（典籍：「宝性論」）

人間は善の心だけを持っているわけではありません。悪い心も持ち合わせています。善の心も悪の心も、兼ね備えているのが人間です。しかし、仏教では、その善悪は別として、人間の心は本来清らかなるもの、清浄なるものと説きます。これを「自性清浄心」といいます。大乗仏教が興り始めたころ、多くの仏教論書に説かれ始めました。

人間の心は本来清らかなものなのです。ではなぜ、人間は悪いことをしてしまうのでしょうか？　本来の心が清浄ならば、悪いことはできないはずです。そう思われるのも当然でしょう。しかし、人間には欲があります。それが悪いことをする原因なのです。

人間の心は本来清浄なのに、いろいろな欲により、本来の清浄さを覆ってしまうのです。清らかな水が数滴の汚れた泥水で濁ってしまうように、清らかな心もわずかな欲望により、その清らかさが隠されてしまうのです。たとえば、意地悪な心や人よりも勝りたいという欲求、妬み、羨み、怨み、怒りといった数滴の汚れた想いで、心の清らかさが濁ってしまうのです。

その妬みや羨み、意地悪、怨み、怒り、貪りといった数滴の汚れた心を減らしていけば、人々の心に本来の清らかなる心が現れてくるのです。

たまにはしがらみを断ち切りましょう

休《きゅう》息《そく》万《ばん》事《じ》

（典籍：「景徳伝燈録」）

休息とは、元は禅の言葉で、まったく執着のない安らぎに至ることです。それを極めたのが、「休息万事」です。休息万事とは、自らがすべてを「やめる」ことなのです。一切の執着心や囚われをすべて捨ててしまい、何ものにもとらわれない、完全なる自由な境地を休息万事というのです。

私たちは、生きていくうえで、実に様々なものにとらわれています。人間関係、家族、会社、学校、生活……。まるで蜘蛛の巣にかかった虫のように、いろいろな縁の糸に絡まって生きているのです。その縁の糸をプッツリ切ってしまい、自由になることができたらどうでしょう。実に軽やかなのではないでしょうか。

しかし、すべての糸を切ってしまうわけにはいきません。ならば、一時的に休息万事してみてはいかがでしょう。一時的に、一切の縁の糸を切って自由になるのです。

これは自室でもできることです。すべてのしがらみを一時的に断ち切って、さらにはやるべき仕事もすべて忘れて、まったくの自由な状態になるのです。これこそが本当の休息です。ただ身体を休めるのではありません。休みだからといってどこかへ出かけ、余計に疲れて帰ってくるのでもありません。真実の休息をするのです。

心を軽くする瞑想法です

厭障観《えんしょうかん》

（典籍：「四教儀註」）

俗にいう厭世観《えんせいかん》とは異なります。厭世観は人生には幸福はない、人間の精神的進歩はないという棄て鉢な人生観です。厭世観のような言葉は仏教経典にはありません。

「厭障観」は、投げやりな人生観ではなく、覚りへ至るための瞑想法の一つなのです。具体的には、人間の二つの厭《いと》うべきことを思い、それを捨てるという瞑想法です。

一つには、人間の本性は煩悩に覆われていることを思います。本来、私たち人間は清浄なる魂を持っています。しかし、それが様々な欲望や煩悩により汚されているのです。いわば、電球に埃が溜まった状態と思ってください。その溜まった埃を捨てるように煩悩を捨てていくさまを瞑想します。

次に、人間は肉体に縛られていることを思います。生きているうちは肉体から離れることができずに、絶えず、肉体の欲求や痛み、苦しみに悩まされます。その欲求や痛み、苦しみを厭い、捨て去るのだと瞑想します。肉体からの解放を瞑想するのです。

ほんのひと時でもいいのです。大きく息を吸って、ゆったりとしましょう。そして、自分の心に溜まった欲望や妬み、憂い、怒り、羨みといったゴミを捨て去ると思いましょう。一つ一つゴミ箱に捨てるのです。心が軽くなったなら、身体から心を離してみましょう。たまには、心を解放してみるのもいいのではないでしょうか。

不《ふ》覚《かく》

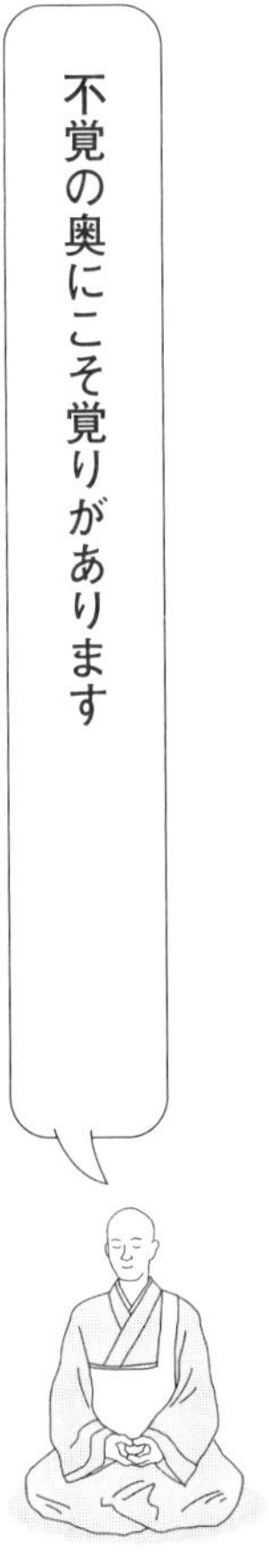

（典籍：「大乗起信論」）

不覚にも涙を流してしまったことはあるでしょうか。年齢を重ねるほどに涙腺が弱くなり、思わぬ場面で涙ぐんでしまうことがあります。しかし、不覚であっても恥入る必要はありません。人間は、そもそも不覚なのですから。

否、その表現は正確ではありません。人間はそもそも覚であるのに、不覚になってしまっているのです。

一切衆生は、本来覚りを得られる種を持っています。これを「本覚《ほんかく》」といいます。本当は、覚りを得られるはずなのに、様々な迷いや妄念、欲望が邪魔をして、本来持っているはずの覚りに気付かないのです。これこそが「不覚」なのです。

不覚にも人前で涙を流してしまうのは、本当は不覚ではないのかもしれません。本来、持っている覚の部分に触れる何かがあったればこその涙なのかもしれないのです。

他人の前で格好をつけず、不覚の自分を見せてもいいのではないでしょうか。油断している、隙のある自分をさらけ出すのも、周囲への優しさであったりもします。まったく不覚のない、油断も隙もない態度は受け入れ難いものがあります。

不覚でもいいのです。そこから、その奥に潜む覚に気付くものなのです。

我慢はしてはいけません

我《が》慢《まん》

（典籍：「倶舎論」「雑阿含経」など）

仏道修行の一つに「無言の行」という修行があります。この行は、ある一定期間、一言もしゃべらないという我慢の修行です。無言を通すことは難しいものです。しかし、我慢を通してやり遂げても、あまり褒められたものではないようです。なぜなら、成功者は無言を通すという我慢にとらわれ、驕《おご》り高ぶりの心を持ってしまうからです。

そもそも仏教では、我慢はしてはいけないと説きます。我慢とは、自己中心的な心、ここに我ありと驕り高ぶる心、我は永遠なりと勘違いする心のことです。

現代の私たちは多くの我慢を強いられています。また、幼い頃から「我慢しなさい」といわれ続けて育っています。まるで我慢することが美徳であるかのように。

しかし、本当に我慢はいいことなのでしょうか。「我慢しなさい」という言葉の奥には、自分の都合が優先されてはいないでしょうか。「私たちも我慢してきたのだから あなたたちも我慢するのは当然」という、驕り高ぶった気持ちはないでしょうか。あるいは、「我慢している自分」に自己満足してはいないでしょうか。

我慢はしてはいけません。主張すべきは主張し、よく話し合って納得することが大切です。無言の行は、言葉の大切さ、言葉以外で伝わるものがあることを教えています。何よりも「我慢することにとらわれてはいけない」ということを教えているのです。

山《さん》川《せん》草《そう》木《もく》悉《しつ》有《う》仏《ぶつ》性《しょう》

（典籍：「涅槃経」の「一切衆生悉有仏性」からの造語）

大乗仏教が興り始めた頃、覚りは誰でも得られるのか、ということは大きなテーマでした。「涅槃経《ねはんきょう》」の一節に「一切衆生悉有仏性《いっさいしゅじょうしつうぶっしょう》」という文があります。意味は「すべての生あるものは、みな悉《ことごと》く覚りを得る素質を持っている」ということです。「仏性」とは「仏陀になれる素質」、すなわち「覚りを得ることができる素質」のことです。

涅槃経のこの言葉によれば、誰もが覚れることになります。人だけではありません。命あるもの、すべてが覚れるのです。そして、「山川草木悉有仏性」という言葉が生まれました。

「山も川も草も木も、命あるものすべてに仏性がある、すべてが覚れるのだ」

つまり、覚りを得る能力のないものはいない、ということです。誰しも皆、平等に覚りを得る素質を備えているのです。

では、なぜ覚れないのでしょうか。それは、自分にも覚りを得られる素質がある、ということを知らないからなのです。せっかく持っている素質でも、知らなければ生かすことはできません。あなたは今、あなた自身の中に覚りを得られる能力があることを知りました。それをぜひ活用してください。あなたも覚れるのです。

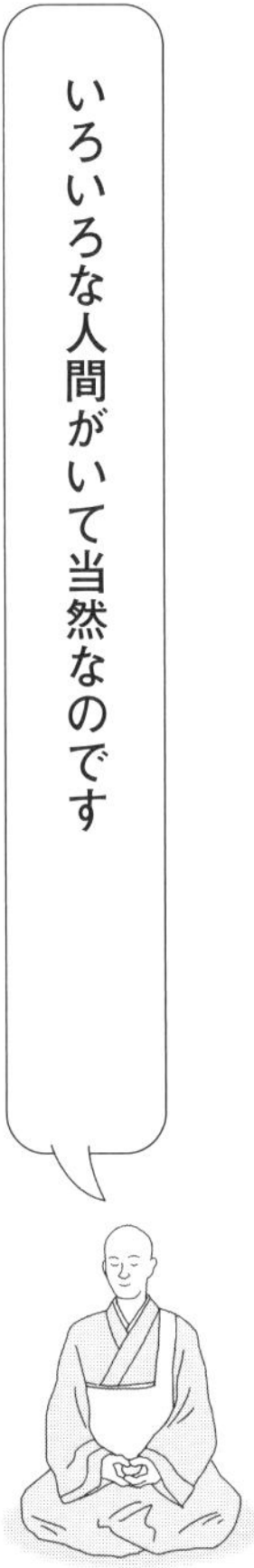

機《き》根《こん》不《ふ》同《どう》

（典籍：「般若心経秘鍵」機根は「釈摩訶衍論」）

人の素質は、それぞれ異なります。一を知って十を覚る者もいれば、十を知って一しか理解できない者もいます。

弘法大師の著作に「般若心経《はんにゃしんぎょう》秘鍵《ひけん》」という書があります。その中に「機根不同にして性欲《しょうよく》即ち異なり」という句があります。「機根」とは理解力のことをいいます。「機」はきっかけ、「根」は素質のことです。「性欲」とは、現代で使われている意味ではなく、人それぞれの性質による欲望のことです。

「機根不同にして性欲即ち異なり」とは、「一つのきっかけでどの程度理解できるかは人によって異なり、人によって求めるものも異なる」という意味になります。

人は個性豊かです。理解力も異なります。「打てば響くような」といいますが、誰もがそうあるわけではありません。打てば響くのか、打っても響かないのか、時間が経ってから響くのかは、人によって異なります。

また、求めるものも趣味も欲しいものも異なります。それが人間です。ですから、人それぞれに違いがあることを認めることが大切なのです。理解力がないから、ピンと来ないから、空気が読めないからといって、その人の個性を否定したり、排除したりしてはいけません。世の中には、いろいろな人間がいて当然なのです。

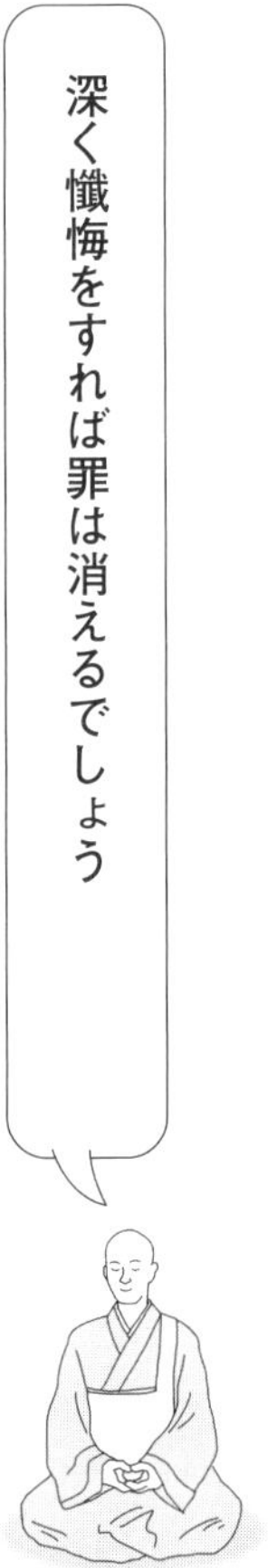

懺《さん》悔《げ》罪《ざい》障《しょう》・滅《めつ》罪《ざい》生《しょう》善《ぜん》

（典籍：懺悔は多数。滅罪生善は「要集」「大鏡」「雨月物語」など）

悔過《けか》の法要という儀式があります。仏様に対し、日頃自分たちが犯してしまった罪を告白し、反省し許していただく、という法要です。

仏教は厳罰主義ではありません。心から自分の犯した罪を懺悔《ざんげ》するならば、修行することを許されたのです。たとえばアングリマーラのように。

アングリマーラは、催眠術にかかり九十九人の命を奪ってしまいます。百人目にお釈迦様を狙うのですが、お釈迦様により催眠を解かれます。殺人鬼アングリマーラは捕まるのですが、極刑にされるところをお釈迦様が引き取り、出家させます。それは、彼が自分の犯した罪を心から悔いていたからです。出家したアングリマーラでしたが、街の人々から迫害を受けます。石で打たれたり、棒で叩かれたりもしましたが、一切抵抗しませんでした。自分の罪の重さをよく知っていたのです。

自分の犯した罪がどのようなものであろうと、深く懺悔し反省するのであれば、仏様はその罪を許し、消すのです。そして、正しい行いに徹すれば、善を生じさせるのです。

もし、あなたが罪を犯したのであれば、仏前にて懺悔することをお勧めします。心から反省し、二度と同じ過ちをしないのなら、きっと罪は消え、善が生じるでしょう。

できることなら上品に生きたいものです

上品《じょうぼん》と下品《げぼん》

（典籍：「観無量寿経」）

通常、上品は「じょうひん」と読みますが、仏教語では「じょうぼん」と読みます。同じく下品も「げぼん」と読みます。さらに、一般にはない中品《ちゆうぼん》があります。もともとは品位を表した言葉ではありません。極楽へ行けるかどうかを表した言葉なのです。観無量寿経《かんむりようじゆきよう》というお経があります。阿弥陀如来の極楽浄土について説いたお経です。その中では、極楽浄土へ生まれ変わる者を九種類に分けて説いています。

一、上品上生、上品中生、上品下生

二、中品上生、中品中生、中品下生

三、下品上生、下品中生、下品下生

一の上品の組は、死後すぐに極楽に行くことができます。生前、仏教の信仰が篤く、規律正しい生活を送った方がこの組です。二の組は、信仰はごく普通にあり、常識的な生活を送った方で、死後一度別の世界に生まれ変わってから極楽へ行ける組です。三の組は、戒律や社会のルールを守ることなく、大きな罪を犯した者の組で、死後地獄へ落ちてから、いずれ極楽へ生まれ変わるという者たちの組です。

生きているときの品性は、死後にも大きく影響します。できることなら、信仰を持って、心穏やかに、上品に生きたいものです。

煩悩が多いことは悪いことではありません

煩《ぼん》悩《のう》即《そく》菩《ぼ》提《だい》

（典籍：「法華玄義」など）

煩悩とは身心を煩わせ、悩ませる欲望のことをいいます。決して無くなることのない欲望です。人は生きている以上、この煩悩につきまとわれるのです。仏教は、この煩悩をコントロールするようにと説いています。

とはいえ、なかなか煩悩をコントロールするのは難しいことです。ついつい欲望に負けて道から外れることもあるでしょう。そんなとき、自分の愚かさがつくづく嫌になることもあるのではないでしょうか。あぁ、覚りなど程遠いなぁ、と。

しかし、嘆く必要はありません。煩悩が多くても覚りを得ることはできるのです。煩悩は即ち、菩提（覚り）なのです。煩悩が強い人ほど、迷いや悩みは多くなります。それは欲が強いことの表れですね。煩悩が少ない人は、欲が少ない人ですから、迷いや悩み苦しみも少なくなります。それはそれでよいことなのですが、覚りへのきっかけには縁が遠くなるのです。なぜなら、悩みや苦しみが多い人ほど、救われたいと強く望むからです。それだけ、救われるきっかけが増えるのです。

悩みや苦しみが多いことをあきらめてはいけません。悩みや苦しみから救われたい、と強く思う気持ちが菩提心となるのですから。悩みや苦しみをきっかけとして、心安らかなる道を求めてください。それが「煩悩即菩提」なのです。

自分の嫌なところも素直に認めましょう

如《にょ》実《じつ》知《ち》自《じ》心《しん》

（典籍：「大日経」）

覚りとはどのようなものか、ということについて多くの高僧がいろいろな見解を説いてきました。お経にも様々な言葉で説いてあります。しかし、これほど端的に答えた言葉はないのではないでしょうか。

「如何菩提――覚りとはなにか」

「如実知自心――実の如く自心を知ること」

人は誰しも、自分の心を知っているようで知りません。知っていても、認めないこともあります。自分の性格や性質、長所・短所など、客観的につかめているかどうか疑わしいものです。それは、他人から短所を指摘されたとき、怒りの気持ちがわくことからも証明されます。

自分の心をすべて知りつくすということは、大変難しいことなのです。嫌な面・いい面を客観的に分析し認めることは、なかなかできるものではありません。他人から指摘されても、「その通りです」と素直には言えないのが人間なのです。

だからこそ、自分の心を把握することは大切なのでしょう。自分はどんな性格か、どんな心の持ち主なのかをよく知り、嫌なところを認めることができれば、自分自身が変われるのです。自分自心の真実を知り、素直に認めることは、まさに覚りなのです。

無《む》念《ねん》

（典籍：「三慧経」「大乗起信論」など）

無念と言えば、心残りなことを意味します。昔は「残念無念合わせて九年」などといったりもしました。念が無いと書くのに、念を残していることを表す不思議な言葉です。

元の意味は読んで字の如くでした。念が無い、無念無想を表した言葉です。何も念はない、何も想いはない、という意味です。すなわち「空」です。それが本来の意味なのですが、なぜか人は思いもよらぬことがあったり、急な不幸にあったりすると、残念です、無念ですというのです。

念とは、その時の思いのことです。「今の心」と書いて「念」なのです。仏教は、その念を空にすることを説きます。ですから、念を残してはいけないのです。無念でなくてはいけないのです。

大変残念なことがあっても、あるいは失敗をして無念だと思っても、不幸なことがあっても、念を残さないことです。変えられないことならば、念を残さず、思いを残さず、潔く現実を受け入れることです。

いつまでも過ぎ去ったことにこだわらないよう、過去への念は無にしましょう。

観念《かんねん》

（典籍：「往生要集」）

これ以上、打つ手がなくなったとき、人は「観念しました」といって頭を下げます。人は追い詰められてから、やっと観念するものなのです。しかし、本来の観念は追い詰められてするものではありません。普段から観念するものなのです。

観念とは、源信の『往生要集《おうじょうようしゅう》』に見られる言葉で、一種の瞑想法です。阿弥陀如来や極楽浄土を思い浮かべ、つらいこの世から早く救われたい、極楽へ早く行きたいと瞑想することなのです。あるいは、極楽浄土を念じることにより、この世のつらさを耐えしのぶ力を得るための瞑想のことでもあります。

ですから、追い詰められてから観念したのでは、実は遅いのです。普段から観念していれば、苦しいことやつらいことにも耐えられる力を得られることでしょう。いつも観念していれば、心は常に極楽浄土ですから、どんなときも落ち着いていられるでしょう。

極楽浄土や阿弥陀如来に限ったことではありません。どのような仏様でも菩薩様でも構いません。つらい時、苦しい時、心にその仏様の姿を思い浮かべ、そのつらさや苦しさに耐えることができる力を念じましょう。いつも観念してみましょう。きっと、思いもよらぬ力が湧き出てくることでしょう。

無頓着というのはいいものなのです

無《む》貪《とん》著《じゃく》

（典籍：貪著は「中阿含経」）

何事も気にしない、周囲に気配りができない人のことを「無頓着な人間」といいます。「無頓着だね」といわれれば、決して褒め言葉ではありません。ところが、本来は褒め言葉だったのです。

そもそも「無頓着」は、「無貪著《むとんじゃく》」と書きました。文字が異なっています。意味は「貪著しない」ことです。

「貪著」とは「貪り求めること。貪りに執着すること」です。したがって、「無貪著」は「貪り求める心がない、執着心がないこと」です。それは、修行者にとってはもちろんのこと、一般の人々にとっても理想の姿でしょう。

しかし、平安の世の頃には、すでに「頓着」という文字になり、意味も「深く心に気にかける」という、いい意味での執着心にすり替わってしまいました。確かに、気配りをすることは一種の執着心でもあります。

無頓着な人は、ひょっとしたら覚りに近いのかもしれません。執着心が少ないといってもいいのかもしれません。ですから、無頓着な人に出会っても、それは責めることではなく、感心したほうがいいのでしょう。また、無頓着だね、といわれても気にしないほうがいいのでしょう。無頓着な人は、執着心が少ない人なのです。

凡《ぼん》聖《しょう》不《ふ》二《に》

（典籍：「沙石集」）

お釈迦様が入滅して以降、お釈迦様と同じような覚りを得る修行者がいなくなりました。そのため、お釈迦様のような仏陀になるには、何度も生まれ変わって善行を積まないといけないという教えが主流になりました。一般の人々も修行者も、凡人は聖者である仏陀とは程遠いのだ、ということです。

ところがその後、大乗仏教の台頭により、衆生は仏陀とかけ離れたものではない、という思想が主流になりました。凡人も聖者である仏陀も本質的には同じである、という思想です。これを「凡聖不二」といいます。

普通の生活をしている凡人（仏教では凡夫《ぼんぷ》といいます）でも、仏陀になることができる種を持っているのです。なぜなら、仏陀であるお釈迦様も凡夫と同じ人間だからです。お釈迦様は、超人ではなく我々と同じ人間なのです。

同様に、世の中の人間もみな本質的に平等で同じなのです。そこには差別も区別もありません。個性の違いや性格や性質の違いがあるだけなのです。凡人であっても、才能あふれる人であっても、本質的には同じ人間なのです。凡人だからといって悲観することはありません。凡人が聖人に成ることだってあり得ます。凡も聖も同じなのですから。

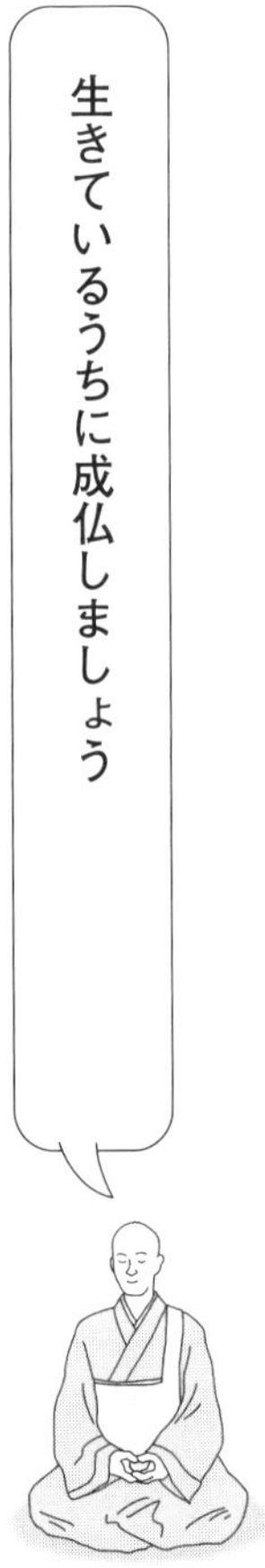

成仏《じょうぶつ》

（典籍：「倶舎論」）

成仏とは「仏陀に成る」という意味です。したがって「成仏した」といえば「仏陀になった」という意味になります。仏陀に成るというのは難しいことです。簡単にできることではありません。

しかも、仏陀になることができるのは、生きている人間だけなのです。死者は仏陀にはなれません。仏陀になろうと思えば、もう一度人間に生まれ変わってこなければならないのです。

地獄・餓鬼・畜生の世界は三悪道ともいわれ、生きているときの罪を清算する世界です。修羅の世界は戦いに明け暮れる世界です。修行どころではありません。天界は快楽の世界です。修行もできますが、苦が少ない世界ですから修行する必要がありません。人間界は苦しみや安楽、快楽が混在する世界です。修行すれば苦から解放され安楽を得られます。その究極的姿が仏陀なのです。

成仏できるのは、人として生きている間だけなのです。亡くなってからでは遅いのです。死後に望むのは、成仏ではなく、安楽な場所への生まれ変わりだけです。

生きているうちに成仏を目指してください。心の安楽を得てください。成仏は死後に願うものではないのです。

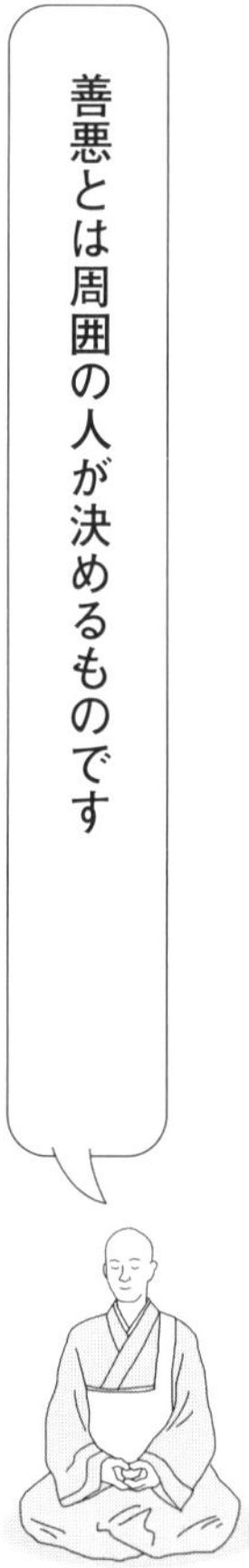

七《しち》佛《ぶつ》通《つう》戒《かい》偈《げ》

（典籍：「出曜経」）

仏陀は、お釈迦様が初めてではありません。お釈迦様の前に六人の仏陀がいたと、お釈迦様自身が説いています。ただし、お釈迦様の前の仏陀が現存したのは、何十億年も前のことだそうです。その過去の仏陀からお釈迦様に至るまで、共通の戒律があります。それが「七佛通戒偈」です。

諸悪莫作《しょあくまくさ》（もろもろの悪をなすことなく）
衆善奉行《しゅぜんぶぎょう》（もろもろの善をなし）
自浄其意《じじょうごい》（自らの心を浄くせよ）
是諸仏教《ぜしょぶつきょう》（これが諸仏の教えである）

簡単にいえば、「善いことをして悪いことはしない、清浄なる心を持て、これが昔からの仏陀の共通の教えである」ということです。

しかし、何が善で何が悪なのでしょうか。自分にとって善いことでも他人にとっては悪い場合もあります。

仏教でいう善とは「周囲の人々を喜ばせ、安心させ、悲しませないこと」です。また、悪とは「周囲の人々を苦しめ、不安を与え、悲しませること」です。自分の観点からではなく、周囲からの視点で決めるものが善悪なのです。

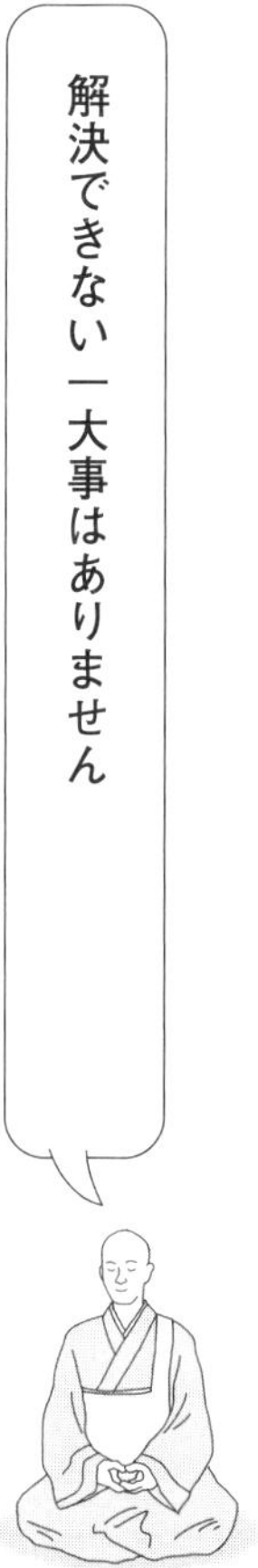

一《いち》大《だい》事《じ》

（典籍：「法華経」）

大事件が起こると、ニュースで「一大事です」と告げることがあります。しかし、本当の一大事は事件ではありません。

『法華経』の方便品に「諸仏は、ただ一大事の因縁の故にこの世に現われる」とあります。その一大事とは、如来による衆生救済です。つまり、人々の苦しみを取り除き、楽を与えるために仏陀が出現したということが、一大事なのです。

仏教は、人々の苦しみを取り除き、楽を与えるための教えです。そのためにお釈迦様は教えを説いたのです。ですから、仏教には、苦しみや悩みから救われる方法がたくさん説かれています。それを知らないというのは、損なことです。

人生において解決できないような一大事はありません。どんなことでも解決できるものなのです。本当の一大事は、あなたがあなたの困難を解決し、心の安楽を得ることなのです。

流れる雲や水のように生きていきましょう

如行雲流水《にょこううんりゅうすい》

（典籍：「息耕録開筵普説」）

仏教思想の中で、最も知られているのは「空《くう》」ではないでしょうか。空を説いたお経としては、般若心経が代表的です。

「空とは何か」の答えの一つに「如行雲流水」があります。空とは、空《そら》を行く雲の如し、流れる水の如し、という意味です。禅の修行者を雲水《うんすい》といいますが、その語源がこの「行雲流水」です。雲は流れに任せて形を変えていきます。何かに引っ掛かることもなく、何かにこだわることもなく、ただただ流れていきます。同じく、川を流れる水も、ただただ高きより低きに流れるだけです。

雲が一か所に留まり続ければ、日が差さなくなり植物も育ちません。水も一か所に溜まってしまえば、澱んで濁ってしまいます。空とは、雲や水のように、何のこだわりもなく、執着もなく、留まることなく流れるように自然に生きていくことです。

人が空で生きていけば、悩みなどは生まれてこないでしょう。地位や名誉、立場、物や金銭に執着を持ったり、他人の言動を気にしたり、見栄を張ったりするから、悩みは生まれてくるのです。行く雲の如く、流れる水の如く生きていけば、苦しみも悩みもなく生きられるものなのです。

見方を変えれば苦しいことも楽しくなります

宴《えん》

（典籍：「上宮維摩疏」）

「うたげ」とは読みません。「えん」と読みます。もちろん、俗にいう宴会の意味でもありません。しかし、楽しいことではあります。

「宴」は、「宴坐《えんざ》」の略です。「宴坐」は、「阿含経《あごんきよう》」や「維摩経《ゆいまきよう》」などの経典に登場します。「宴」の意味は「安らか。座禅をすること」です。「宴坐」となると、「心身ともに安らかに座禅をすること」となります。すなわち、座禅を楽しむことです。

一般的に修行は、苦しく厳しいものと思われています。確かに、修行には規律や規制があり、睡眠時間も短く、肉体的にも精神的にも厳しいものです。そうでなくては、修行にはなりません。しかし、苦しいかというと、実はそうでもないのです。

修行のはじめに、伝授をしてくださる大阿闍梨《だいあじゃり》様からこう言われました。

「修行が苦しいと思ったら、その時点で修業をやめよ。修行は楽しいものじゃ」

修行が始まったばかりの頃は、この意味がわかりませんでした。楽しいなどとは、少しも思えません。しかし、修行が進むにつれ、楽しさがわかってきました。

一見、苦しいと思われることでも、実行してみると意外にそうでもないことは、よくあることです。また、苦しいことでも少し見方を変えれば楽しくなるものです。苦しみを「宴」に変えることもできるのです。

どうせ持つなら大きい欲を持ちましょう

大《たい》欲《よく》得《とく》清《せい》浄《せい》

（典籍：「理趣経」）

欲があることは悪いことであるように思われがちですが、それは誤解です。欲自体は純粋なものなのです。悪いのは、欲にこだわることなのです。たとえば、異性を好きになったとします。異性を好きになること自体は、自然の行為であり、善でも悪でもありません。それは純粋な思いであり、清浄なるものです。ただ、そのあとが問題なのです。

異性を好きになると、相手に対し独占欲が出てきます。それが満たされないと悩みが生まれ、満たされれば失うことを恐れます。こうして純粋な欲は苦しみを生む悪い欲へと変貌していくのです。これを避けるため「欲を制御しなさい」と説くのです。

しかし、欲は簡単には制御できません。ならば、その欲を大きくしてしまったらどうでしょうか。全人類を好きになり、全人類に好かれ、世界一の金持ちを目指し、世界的な有名人を望み、世界一安楽を求めるといったような。小さな欲ではなく、大きな欲を持つのです。そして、その実現のために努力をするのです。

大欲は清浄を生みます。これが密教の経典『理趣経《りしゅきょう》』に説く「大欲得清浄」です。

大きな欲を持てば、自然に自分自身を根底から変えることができるのです。我欲にこだわらず、大きな欲を持ちましょう。

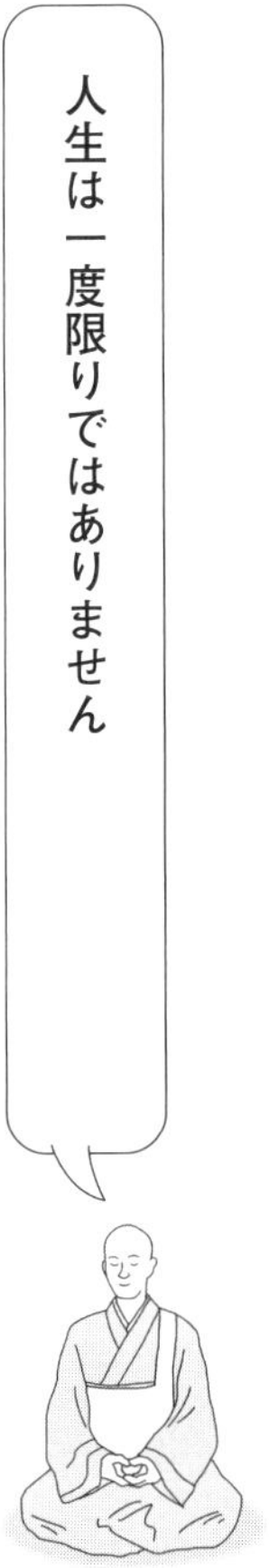

断《だん》見《けん》

（典籍：「勝鬘経」）

どうせ一度きりの人生なのだから、何をやってもいいではないか、楽しめばいいのだ、と思っている方は多いのではないでしょうか。しかし、それは大きな間違いです。こうした思い違いをすることを「断見」といいます。

断見は初期経典によく見られる言葉です。輪廻や因果の教えを否定し、何をやっても報いは来ないと信じることをいいます。

輪廻を信じる、信じないは自由です。また、因果の教えを信じないのも自由です。しかし、これっきりの人生と思うよりも、生まれ変わりがある、因果の教えはある、と信じたほうが人生に余裕が生まれてくるとは思います。

こんな話を聞いたことがあります。ある御老僧が七十歳を機に英会話を始めたそうです。その御老僧は「今、英会話がしたいのではない。これは来世のためにやっておるのだ。今度生まれ変わった時の準備だ」と笑っておられたそうです。

人生は何度でもできる。そう思えば、何も焦ってする必要もないのです。ゆったり生きればいいのです。今は次の人生のための準備なのだ、という考え方をすればいいのです。今やり遂げねばならない、ということはないのです。

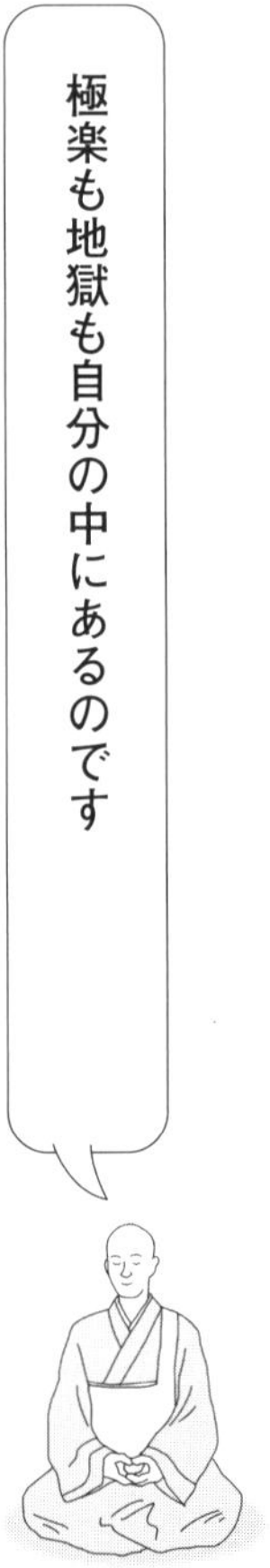

極楽《ごくらく》のありか

（典籍：「阿弥陀経」）

上方落語の「浮世根問《うきよねどい》」の中に極楽のありかを問うくだりがあります。物知りの御隠居に屁理屈な男が極楽はどこにあるのか尋ねるのです。御隠居は「地獄の近所だ」と答えます。「じゃあ地獄はどこに」と問われ、「極楽の近所」と答えます。そのうちに「西のほうへ行けばあるか」とか「西明石の方か、もっとずうっと西か」などと屁理屈をこね始めます。

『阿弥陀経』では、西方浄土は十万億の仏国土を過ぎたかなたにある、と説きますが、これでは具体的に想像がつきません。さて、極楽は一体どこにあるのでしょう？

落語に出てきた御隠居さん、実は間違ってはいないのです。極楽は地獄の近所にあるのです。しかもその場所は、ごく身近です。

人に対し怒っているときの心、つらく当たっているときの心、それが地獄そのものでしょう。人に対し優しくしてあげているときの心、他人の喜びを心から祝福しているときの心、それが極楽なのです。地獄も極楽もすべて自分自身の中にあるのであって、遠くにあるのではないのです。『道歌』に次のようにあります。

「極楽は　西にもあらで東にも　北（来た）道探せ　南（みな身）にぞある」

地獄も極楽もすべて、己の中にあるのです。

自分自身の真実の姿を表しています

合掌《がっしょう》

（インドの習慣）

神仏に祈るとき、あるいは墓前や仏壇の前で祈るとき、みなさんは合掌をすると思います。両掌を合わせると、なぜか心が静かになっていきます。

合掌は、仏教とともに日本に伝わったインドの習慣です。インドの人々は、古来、両手を胸の前で合わせ「ナマステ」と挨拶をします。現代でも通じる礼儀作法です。

合掌の姿は、相手に対して敵意がないことを象徴しているといいます。相手から手が見えるように胸の前に置くことで、武器を手にしないことや攻撃を仕掛けないことを表現しているというわけです。また、右手は清浄を表し、左手は不浄を表します。それらを合わせることにより、人間の真実の姿を表現しているともいわれています。

合掌している姿は、傍から見ていても美しく見えます。人は大いなるものの前に出たとき、あるいは自分の祖先に相対するとき、善も悪もある己の心、清浄でもあり不浄でもある己自身の真実の姿をさらけ出しているのでしょう。だからこそ、心が落ち着き、謙虚な気持ちになっていくのでしょう。その心で、他の人と接することができれば、きっと人間関係は穏やかに流れていくのではないかと思います。

合掌したときの心は、何も飾ることのない、鎧を脱いだ、あなた自身の真実の姿です。心の中で合掌しあえる関係になることができたら、幸せなのではないでしょうか。

第2章

目の前の道が開ける仏教の言葉

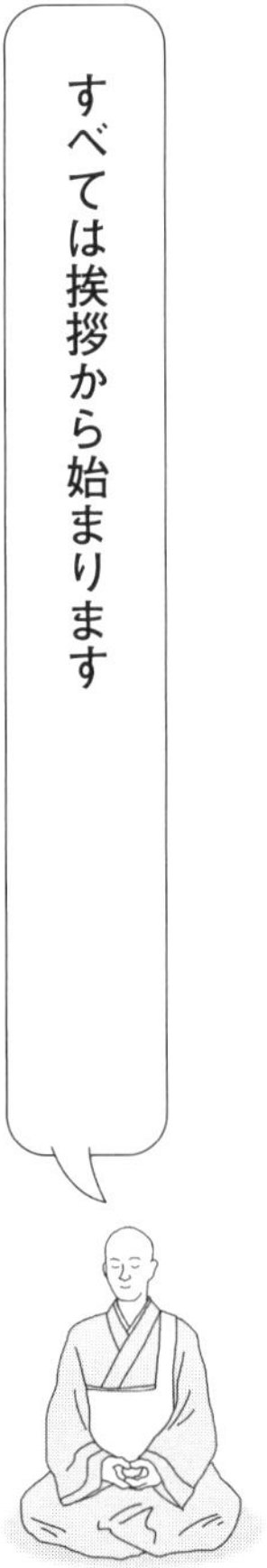

挨拶《あいさつ》

（習慣として行っていたことで経典の言葉ではない）

「挨拶」とは、軽く触れるという意味の「挨」と強く触れるという意味の「拶」からできています。つまり、「挨拶」とは「軽く、そして強く触れ合う」という意味です。軽く、そして強く触れ合うものとは何でしょうか。それは、人と人なのです。

挨拶とは、もともと禅寺で行われていた禅問答のことでした。その昔、禅寺では師と弟子、あるいは修行僧同士が出会うと禅問答を始める習慣があったそうです。師が弟子に軽く「問う、○○とはなんぞや」と尋ねます。すると弟子は即座に「答う。○○とは□□なり」と力強く答えます。

禅の修行では、軽く問う、そして強く即座に答えるという問答――挨拶が、すべての修行の始まりだったのです。やがて、私たちが知り合いに会ったときに交わす言葉、初めて会った時に交わす言葉が「挨拶」と呼ばれるようになりました。それは、挨拶が修行僧の問答のように大切な言葉だからでしょう。

たとえ小さな声でもいいのです。恥ずかしがらずに挨拶をしましょう。軽く「おはようございます」「こんにちは」でいいのです。微笑みの会釈でもいいのです。そこから、あなたと周りとの関係が始まるのです。

不定《ふじょう》

（典籍：「一遍語録」）

自分には明るい未来などない、とあきらめてはいないでしょうか。このままつまらない人生が続くのだ、と決め込んではいないでしょうか。もし、そうでしたら、その考えはすぐに捨ててください。未来は決まってはいないのですから。

お釈迦様は世の中は「諸行無常」であると説きました。世の中のありとあらゆることは同じ状態ではなく常に変化しているのだ、という意味です。すなわち、未来は決定しているのではなく、絶え間なく変化しているのです。それを後の高僧は「不定」といいました。

未来はどのように変化するのかわかりません。何が幸いするのか、何が禍となるのか、誰にもわからないことなのです。また、幸いだと思ったことが禍をもたらすこともあります。禍だと思ったことが幸いに転じることもあります。

自分で自分の未来を決め込んではいけません。何がどう転んでどう変化していくのかは、誰にもわからないのです。だからこそ、自分の努力で変えられることもあるのです。未来は不定であり、世の中は無常なのです。ならば、自分で道を切り開いていくことも可能でしょう。

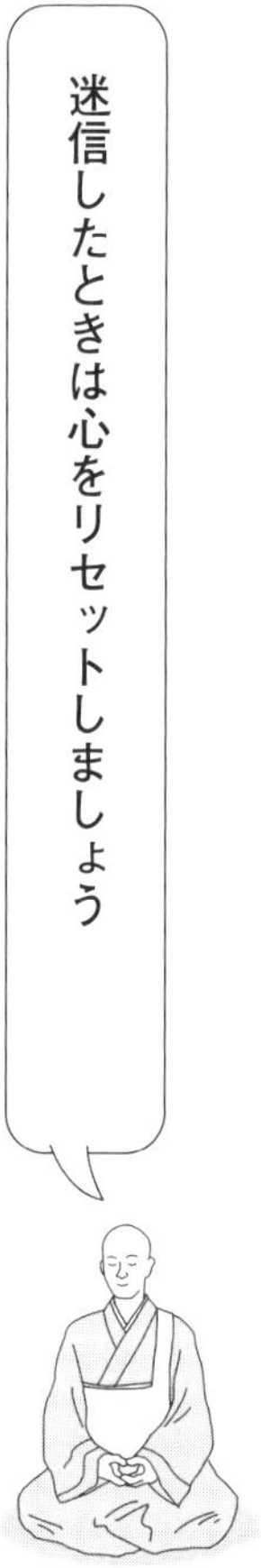

迷信《めいしん》

（典籍：「大日経」）

迷信は、誤った信仰から生まれた縁起担ぎや根拠のない言い伝えがほとんどです。たまに若い方たちの間でも迷信が信じられていることに驚きを感じます。北枕で寝てはいけない、などです。『大日経』の『住心品』では「迷信とは心が迷って精神が散乱しているため、自分が望んでもいないことをしてしまう心のこと」と説いています。

たとえば、気持ちとは裏腹についつい口が滑ってしまったり、相手を傷つけてしまったことはないでしょうか。「そんなことをいうつもりではなかった」「こんなことをしたいわけではなかった」というように、自分の意思とは裏腹のことを言ったりしてしまうことが、本来の「迷信」です。

迷信とは、自分がどうしていいのか迷ってしまい、どれを信じていいのか、誰を信じていいのか不安にさいなまれてしまった心のことです。その結果、自分が望んでいたこととは別の行動をしてしまい、状況を悪化させてしまうのです。

そういうときは、一度、心をリセットすることです。原点に返ってみるのです。誰が何を言っていたのか、それは事実かどうか、自分は何がしたいのか、自分の気持ちはどうなのか、それは伝わっているのか、誤解はないのか。ゆっくりと心を整理してみるのです。そうすれば迷いの心から脱出することができるでしょう。

理解してもらえる話し方をすることが大切です

真《しん》仮《か》大《だい》勢《せい》

（典籍：不明）

難しいことをそのまま話しても理解は得られないものです。また、いきなり高度な話をしても誰も話を聞いてはくれないでしょう。

仏教も同じで、いくらいい教えであっても、難しい言葉をそのまま説いても誰も理解してくれません。たとえば「空」の思想を「有るのではなく、無いのでもない」などと説いてもなかなか理解は得られません。

お釈迦様は様々な譬《たと》え話をして教えを説きました。日常の話題や身近な事柄を取り上げ、そこから深い教えへと導いたのです。この方法のことを「真仮大勢」といいます。真実を日常的な事柄を借りて説き明かすという意味です。いくらいい教えであっても、いくら深遠なる教えであっても、難しい話は心に響きません。むしろ、自分が経験したことや世間の出来事を譬えにして話したほうが、人の共感を呼ぶものです。

人を指導する立場にある方、教え導く方、部下を指導する必要のある方、あるいは親も教師も、真仮大勢を心掛けることが大切でしょう。いくら正論であっても、堅苦しく生真面目に話をしても、なかなか聞いてはもらえません。聞いてもらえるような話し方をすることも大事なのです。

他《た》力《りき》本《ほん》願《がん》

（典籍：「黒谷上人語燈録」「法然上人行状画図」）

自分のやるべきことを何でも他人に任せてしまうことを他力本願といいます。

仏教の修行は、自力・他力・自他力の三種に分けることができます。自力とは、自分で修業して覚ることです。座禅により覚りを得ることがこれにあたります。自他力とは、自分で修業もするが、如来や菩薩などの救いも求めて覚りに至ることです。密教がこれにあたります。

さて、他力です。これは、他力本願と同じで、如来や菩薩の救いにすべてを任せてしまい、そこから覚りを得ることです。すべてを阿弥陀如来に任せてしまうという、浄土宗や浄土真宗の教えがこれにあたります。これは簡単そうに思えますが、意外に実践が難しい教えなのです。なぜなら、そこには自分の意志は微塵もないからです。

本当の他力本願とは、如来や菩薩の救いにすべてを委ねてしまうことです。自分という我を一切なくし、意志や意見は捨てなければなりません。どのような苦しみや困難があろうとも、すべて受け入れねばならないのです。

自分のやるべきことを他人に任せてしまうのなら、結果がどうあれ文句をつけてはいけません。任せたのは自分自身なのですから、責任は自分にあるのです。それが納得できないのなら、人任せになどしないで、自分で行動するべきでしょう。

帰《き》依《え》三《さん》宝《ぼう》

（典籍：多数）

三宝とは、三つの大切なものという意味です。その三つとは、仏・法・僧のことです。仏教は、この三宝を信じることから始まります。

仏とはいうまでもなく仏陀、お釈迦様のことです。法はお釈迦様が説いた教え、僧は出家してお釈迦様の教えを実践している修行者のことです。帰依とは、信じ従うことを意味します。「帰依三宝」とは、仏陀とその教えと教えを実践する修行者を信じ、従うことを意味しているのです。出家しようとする者はもちろんのこと、救いを求める者は、まず三宝に帰依することから始まります。それはこのように言い表します。

「弟子《でし》某甲《むこう》　尽未来際《じんみらいさい》　帰依仏《きえぶつ》　帰依法《きえほう》　帰依僧《きえそう》」

これを三度繰り返します。仏法僧を信じ従うことを誓う言葉なのです。お寺に行き、本堂で本尊に向かって心静かに手を合わせること、これは帰依仏にあたります。仏教書を読んだり、法話会に参加したりして仏教を学ぶことは帰依法です。お坊さんに話を聞くこと、教えてもらうこと、お経をあげてもらうことは帰依僧です。

まずは、信じてみることです。救いの道は必ずあります。見つけるまで、仏法僧を信じて従ってみることです。仏教は八万四千の法門といわれています。数多くの生き方が説いてあるのです。あなたにあった道が必ず一つはあると、信じてみましょう。

世界の入口はいろいろなところにあります

玄《げん》関《かん》

（典籍：「碧巌録」）

玄関のない家はありません。玄関はその家の出入り口であり、家の顔といっても過言ではないでしょう。

玄関とは、「玄妙なる道にはいる関門」のことを意味していました。「玄妙なる道」とは、奥深く思いが及ばない深遠なる真理のことです。特に仏教を示した言葉ではなく、真理全般に用いられていました。それを禅に取り入れ、「玄関」として使用しました。『碧巌録』に「奥深い仏道への入口」という意味で説かれています。

お寺巡りをしたときなど、有名寺院の山門をくぐり、本堂の玄関に至り、靴を脱ぎ中へと入っていきます。それは、深遠なる仏法の真理への入口を通ったことでもあるのです。

また、自宅に戻ればどなたも玄関を通ることでしょう。それは、家庭という人間世界の入口でもあるのです。会社の玄関を通れば、これも複雑な人間関係が渦巻く世界の入口でもあるのです。そう思って自宅や会社の玄関を通ると、また違った見方ができるのではないでしょうか。

つまらない、ありきたりの見飽きた玄関も、自分の思い一つで新しい玄関に生まれ変わるのです。

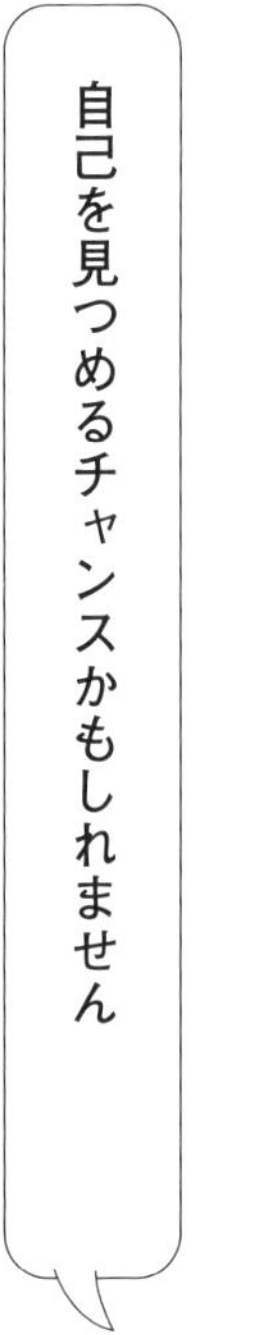

入院《にゅういん》する

（典籍：「大慧書」）

入院することは、誰しも快いものではないでしょう。好んで入院したいという方はあまりいないと思います。しかし、出家者はみな入院します。もちろん、病院に入院するのではありませんが。

「院」とは、周囲を垣根で囲った家屋のことでした。それが唐代末ごろに出家者が修行する場所を示すようになります。やがて、総合的な修行場所を寺と称し、その寺内に院を設けたのです。

出家者は、俗世間と縁を切って仏門に入ります。このことを「出世して入院する」ともいいます。出家者は、仏門に入ると同時に出世もしますし、入院もするのです。

働き始めて順調に進めば、やがて出世していきます。あるいは「いつかは……」と出世を望みます。そんな折、突然の病気や怪我で入院することもあり得ます。調子のいいときの入院は、ショックが大きいものです。しかし、悔やんでも病気はよくなりません。病気になってしまい、入院してしまったのなら、潔く入院していればいいのです。焦る必要はなく、病のときは病をしていればいいのです。

いっそ、出家者のように「出世して入院したのだ」と思い、修行するつもりで過ごすのもいいのではないでしょうか。自己を見つめる、いいチャンスかもしれません。

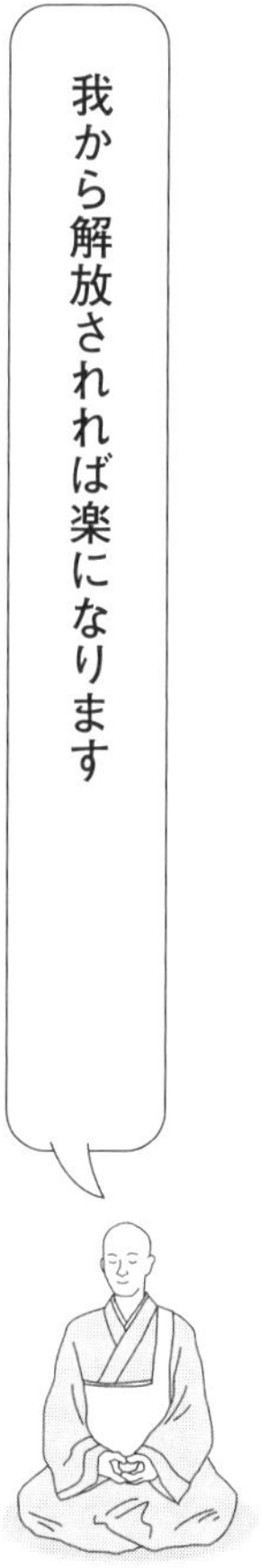

無《む》我《が》無《む》畏《い》

（典籍：「大日経」）

人は誰でも自分を中心にして物事を考えます。自己の知識、認識、思考、想像力を基本に世の中の出来事を判断したり、他人との関係を築いたりします。自分の物差しで世の中を見ているのです。

そこには、必ず「自分」という「我」が存在しています。この「我」が周囲と調和がとれているときは、何も問題はありません。ところが、ひとたび「我」が周囲と不調和になったとき、様々な軋轢が生まれるのです。

自分の意見が通らないという不平、自分は悪くはないという逃避、自己の過大評価による欲求不満、過小評価による不安、自己の物差しが周囲とずれているがために生じる疎外感など、「我」があることによって、悩みは増大するのです。ならば、「我」を無くせば、悩みは減少するはずです。それを説いたのが「無我無畏」です。これは「我から解放されれば畏れがなくなる」という意味で、『大日経』の『住心品』にある言葉です。

人の考えはそれぞれです。いろいろな意見があって当然なのです。自分の意見や生き方だけが正しいわけではないのですから、時には「我」を捨ててみましょう。今まで気がつかなかった周囲との関係に、きっと気付くことでしょう。

人を救う四つの手段を心がけましょう

四《し》摂《しょう》事《じ》

（典籍：「雑阿含経」「倶舎論」）

日常生活を送る上で簡単にできる四種の修行法があります。それが「四摂事」です。
①布施：他人に与えることです。与えるものは金品だけではありません。労働力や知識も与えられます。
②愛語：優しい言葉遣いです。乱暴なものの言い方をしないことです。ましてや人を傷つけるような言葉を使わないことです。
③利行：十善を実行することです。十善は、暴力を振るわない、盗まない、性において乱れない、嘘をつかない、ふざけた言葉を使わない、悪口をいわない、二枚舌を使わない、貪らない、妬みや愚痴・羨み・怨みの心を持たない、よく考える、ことです。
④同事：周囲の人の立場をよく理解し、同じように振舞うこと。自分に高い能力があったとしても、それを隠して周囲と同化することです。
この四種の行為を心がければ、自然にあなたを取り囲む環境がよい方向に向かっていくことでしょう。また、周囲の人々は、あなたを頼るようになるでしょう。

すぐに結果が出る行為ではありません。少しずつでいいから、長く続けることが重要です。やがて習慣化すれば、あなたも周りも心の安らぎが得られるでしょう。それが四摂事の救いなのです。

誰にでもすぐにできる布施です

無《む》財《ざい》の七《なな》施《せ》

（日本での造語）

仏教の修行として布施行は絶対に外せません。なぜなら、惜しみなくものを与えるという行為は、人間にとって最も難しいことだからです。

布施というと、金品を与えることを思いがちですが、それだけではありません。

①眼施《げんせ》：優しいまなざしを他人に向けることです。相手を睨んだりしないことです。

②和顔悦色施《わがんえつじきせ》：和やかな顔で、いつも微笑みを絶やさないことです。

③言辞施《ごんじせ》：優しい言葉で話すことです。

④身施《しんせ》：労働力や手を貸してあげることです。ちょっとしたお手伝いですね。

⑤心施《しんせ》：周囲に気配りをすることです。心を施すことは最も重要でしょう。

⑥床坐施《しょうざせ》：座るところや寝る場所を提供することです。公共の乗り物で座席を譲ったり、道を譲ったりすることです。

⑦房舎施《ぼうじゃせ》：住まいを清潔に保つことですが、住まいだけでなく家の周辺や近所の清掃をすれば、もっといいのではないでしょうか。

以上が「無財の七施」です。お金や物がなくても、誰にでも今すぐに始められる布施行です。実行すれば、心に溜まった塵を捨てられることでしょう。

信《しん》解《げ》

（典籍：「維摩経」「観無量寿経」など）

信じるものを持っている人は強いものです。いざというときに、頑張りがききます。信じる心は強い力を与えてくれるのです。

戦国時代、織田信長は一向宗の一揆に手を焼きました。一向宗の人々は意外な強さと粘りを発揮したのです。それは阿弥陀信仰という信心があったからです。阿弥陀如来の救いを信じ理解し、極楽浄土へ往生できる喜びを感じていたからこそ、命すら捨てることができたのです。

信解とは、仏教を信じて理解することです。そして、さらなる向上を求め力強く突き進むことです。他の人と組んで仕事をしたり活動をしたりする場合、相手を信じ理解することが大切です。信頼関係を築くことができなければ、協調性が失われることになります。しかし、お互いに信じあい、理解しあって信頼関係ができたならば、それは大きな力を生むものです。

信じることは力を生みます。友人を信じ、同僚を信じ、そして何よりも自分自身を信じましょう。自分自身にある力や可能性、将来性を信じましょう。誰もが、何かを成し遂げることができる力を持っているのです。

俗か聖かの分かれ道は自分が決めるのです

禁欲《きんよく》

（明治以降の言葉）

仏教の修行は、禁欲主義的であると思われている方が多いのではないでしょうか。確かに、僧侶の資格を取るための修行は禁欲状態にあります。一般社会とは隔絶され、テレビや新聞も見ることはできません。俗世間の人や異性との会話も禁止です。

ところが、その修行を終えると、あとは自由です。引き続き禁欲主義でいくのか、俗人と同じような生活をするのか、それは自由に選択できるのです。禁欲主義でいく場合、妻帯はできません。二百五十の戒律をできるだけ守る生活をすることになります。戒律の中には、異性と一対一で話をしてはならぬ、という戒もありますから、教えを説くときには注意が必要です。

一方、戒律に縛られることなく、俗人と同様の生活を選べば、妻帯はできますし、お酒を飲むことも許されます。ただし、人に教えを説き、仏道へ導くためならば、です。己の欲望を満たすためではいけません。

しかし、実はこれは難しいものがあります。羽目を外し過ぎてはいけませんし、俗にとらわれてもいけません。俗にあって俗に染まらず、という強い心を持たねばならないのです。ですから、絶えず、自分を客観視し、制御しなければいけないのです。これこそが本当の修行なのです。

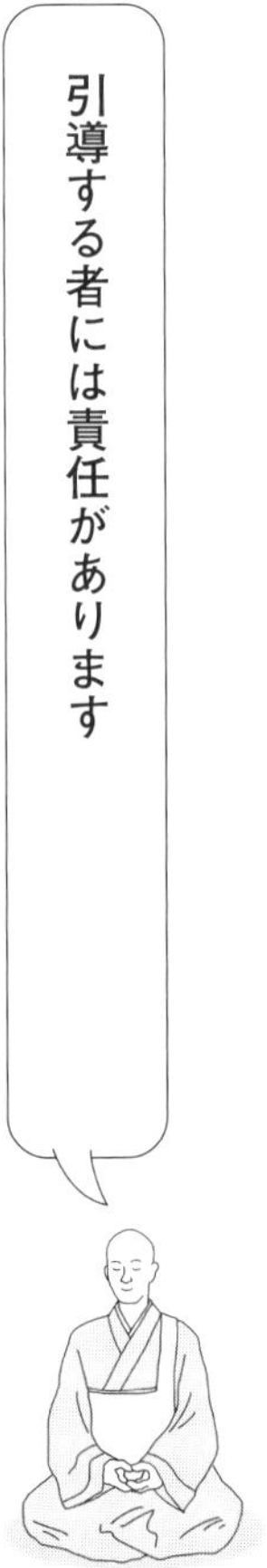

誘《ゆう》引《いん》開《かい》導《どう》

（典籍：「法華経」「倶舎論」など）

最後通告をする時などに「引導を渡す」といいます。この引導とは、そもそもお葬式で僧侶が死者に死を告げ、あの世に導くという意味です。

お釈迦様が大愛道比丘尼《だいあいどうびくに》という弟子が亡くなったとき、人生無常と涅槃常住を説きました。この逸話が元になって、死者に諸行無常・涅槃寂静を説く習慣ができ、葬式へと発展していったのだそうです。これが、後々死者へ引導を渡すという言葉となったのです。

引導には、もう一つ意味があります。それは、法華経に説く「誘引開導」という言葉です。その意味は、「人々を導いて仏陀の教えに引き入れること、正しい方向へと導くこと」です。こちらが本来の引導の意味になります。

人々を正しい方向へ導くことは、大変難しいことです。人々だけではありません。学校では先生が生徒を、会社では役員が経営を、家庭では親が子を、正しい方向へ導かねばなりません。しかし、必ずしもそれが成功するとは限らないのです。

自分が人を導く立場にあったとしたら、己がその立場に相応しいかどうか、現在の導きが正しいかどうか、時折、省みるのも大切なことでしょう。もし、方向性に疑問があるのでしたら、勇気を持って変更しましょう。それが引導する者の責任なのです。

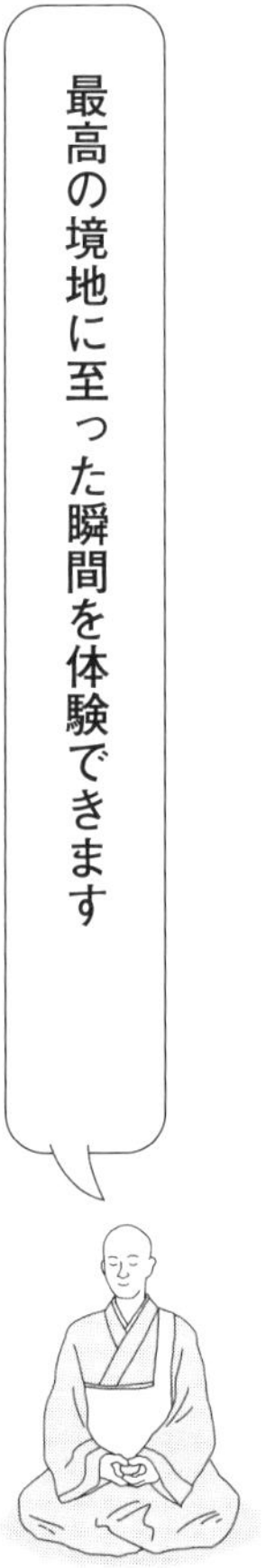

掲《ぎゃー》諦《てい》掲《ぎゃー》諦《てい》

（典籍：「般若心経」）

勝利したとき、思わず声をあげてしまうことがあります。勝利の雄叫びですね。それは、お釈迦様でも例外ではありませんでした。仏教でいう最大の勝利とは、覚りを得ることです。覚りを得たとき、お釈迦様も勝利の雄叫びをあげました。それは般若心経に説かれているのです。般若心経の最後の真言をご存知でしょうか。

「掲諦《ぎゃーてい》掲諦《ぎゃーてい》　波羅《はら》掲諦《ぎゃーてい》　波羅僧《はらそう》掲諦《ぎゃーてい》　菩提《ぼーじー》薩婆訶《そわか》」

漢字は当て字で、サンスクリット語を音写したものです。元は、「ガテーガテー　パーラガテー　パーラサムガテー　ボーディ　スヴァーハ」です。通常の訳では「往き往きて　彼岸に到達せり　覚りよ　幸あれ」となります。が、これでは実感があまり伝わらないように思います。この真言は、お釈迦様の勝利の雄叫びです。もっと感情がこもっていたはずです。たとえば、「至った至った、ついに至った、とうとう至った、覚ったぞ。バンザイ！」といったように。

般若心経は、空《くう》を説くだけのお経ではありません。もっと重要なことは、お釈迦様が覚った瞬間を追体験できるということです。「掲諦掲諦……」と唱えるとき、お釈迦様と同じ境地に思いを寄せる。このことこそが、般若心経で説く最も重要なことなのです。お釈迦様の勝利の雄叫びをみなさんも味わってください。

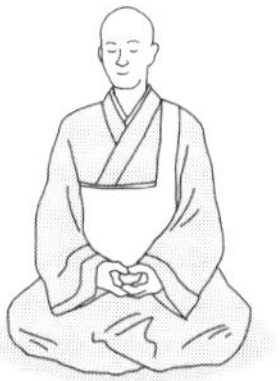
覚りを求める気持ちを忘れないようにしましょう

一《いち》念《ねん》発《ほっ》起《き》菩《ぼ》提《だい》心《しん》

（典籍：「歎異抄」）

新たに何かを成し遂げようと決意したときに使われる言葉に「一念発起」がありま す。これは「一念発起菩提心」という仏教の言葉の略語です。もともとは、覚りを求める心を速やかに起こす、という意味です。

出家して修行者になるには、この「発菩提心《ほつぼだいしん》」が必要不可欠です。「覚りを得たい」という心がなければ修行者にはなれませんし、修行など続かないのです。それでも途中で挫折したり怠けたりすることもあります。

一念発起して何かを始めようと思う気持ちは大切です。あるいは、幸せになりたい、悩みから解放されたい、と願う気持ちは大切でしょう。しかし、幸せになりたいとは願うのですが、そのための努力はなかなかできないものです。人は、できれば楽をして幸せになりたいのです。ですから、ついつい初心を忘れ、一念発起した決意も崩れ去ってしまうのです。

初めから大きなことを狙っても息切れしてしまいます。小さなことから一念発起すれば、怠けることなく、挫けることなく目標が達成しやすいでしょう。また、時には初心を思い出してみることも必要でしょう。いつでも一念発起菩提心です。求めた時の気持ちを忘れないようにしたいですね。

何事も客観的に眺めることが大切です

妙《みょう》観《かん》察《ざっ》智《ち》

（典籍：「成唯識論」）

如来の智慧の一つに「妙観察智」という智慧があります。意味は「絶対的客観の立場から物事を見て考察する智慧」ということです。

絶対的客観とは、感情を一切入れず、自分の意見や感想を含めず、予測や推測、期待なども含めないで、ただそれ自体を「見ること、聞くこと、嗅ぐこと、味わうこと、触れること」です。

人は、見るときも、聞くときも、匂いを嗅ぐときも、味わうときも、触れるときも、自分自身の好き嫌いを含めて判断します。なかなか客観的になることはできません。様々な感情が含まれてしまうのです。特に自分自身のこととなると、客観的に観察することは難しいものです。

自分自身を含めて人間を客観的に眺めてみましょう。わがままで身勝手で感情的で、推測で判断したり、噂を受け入れたり、妬んだり、怨んだり、欲深く、ちょっとイジワルで、意地っ張り……な姿が見えてはきませんか。そして、実は優しくて、親切で、恥ずかしがりやで、甘えん坊で、愛らしい……という姿も見えてくることでしょう。

客観的に自分や周囲を見る智慧をつけましょう。意外と誤解していることが多いことに気付くのではないでしょうか。

時には考えるのをやめて開き直りましょう

迷《めい》倒《とう》自《じ》纏《てん》

（典籍：「選択集」）

道に迷うと、自分がどこにいるのかさっぱりわからなくなり、ますます迷ってしまうことがあります。悩み事も同じで、一つ抱えると、次から次へと悩み事が重なって、どう対処していいのかわからなくなってしまいます。

「迷倒自纏」とは、源空の「選択集《せんじゃくしゅう》」にある言葉で、迷い迷って自分を縛ってしまうことを意味しています。つまり、出口のない迷路にはまってしまったように、自分でどうしていいのかわからなくなり、自分を追い込んでしまう状態のことです。

どうしていいか分からない、でもこのままじゃいけない、焦り、身の置き場のないつらさ、疑心暗鬼。こうなると見えるものも見えなくなりますし、小さな出来事も大きな不安になってしまいます。しかも、なかなか抜け出せません。まるで蜘蛛の巣にかかった虫のようです。一体どうすれば、その罠から抜け出せるのでしょうか。

最も簡単な方法は、考えることを止めることです。どうにでもなれ、なるようになるさ、と開き直ってしまうことです。そうすれば気がつかなかった抜け道や見えなかった道に気づくこともありましょう。

どこかに抜け道はあるものです。逃げ道はないと決めつけて絶望するより、どうにでもなれと開き直ったほうが楽なのです。

完全には守れなくてもいいのです

十善戒《じゅうぜんかい》

（典籍：「観無量寿経」など）

キリスト教の十戒は、ご存知の方が多いと思います。では、仏教の十戒はご存知でしょうか。もっとも、仏教の場合は、「十善戒」といいますが。

元は、十種類の善い行いということで、観無量寿経《かんむりょうじゅきょう》や大智度論《だいちどろん》などに説かれていました。それを人が守るべき戒として説いたのは、江戸時代の慈雲《じうん》尊者です。

十善戒とは、①殺生しない、②盗まない、③性において淫らな行為をしない、④嘘をつかない、⑤意味のない流行り言葉を使わない、⑥悪口をいわない、⑦二枚舌を使わない、⑧貪らない、⑨愚痴らない、怨みや妬み羨み怒りの心を持たない、⑩愚かな考えをおこさない、のことです。

この十善戒、確かに人として守るべきルールだと思いますし、多くの方がほぼ守れているのではないかと思います。しかし、完全には無理でしょう。特に、愚痴をこぼしたり、妬みや羨みの気持ちを持ってしまうことはありますし、ちょっとした嘘や流行語なども使います。十善戒を完全に守るというのは無理な話です。

でも、それでもいいのです。なるべく守ろうと思う気持ちが大切なのですから。

もし十善戒を完全に守ることができ、さらに慈悲の心が備われば、仏陀になれます。お寺の御本尊様の横に鎮座できます。それくらい、十善戒を守ることは難しいのです。

和《わ》光《こう》同《どう》塵《じん》

（典籍：「三教指帰」など）

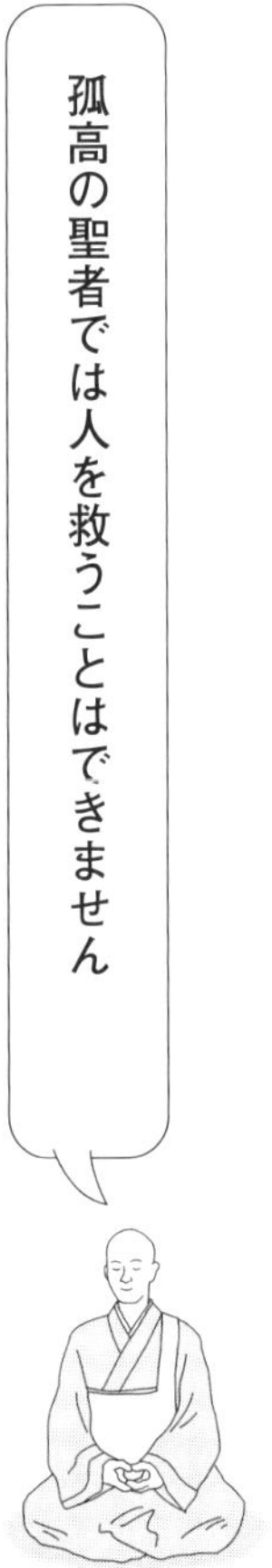

「あなた一人ではありません。私をごらんなさい」

振り返ったガネーシャは、そこに自分と同じ姿（象頭人身）をした女性を見ました。彼はその女性に抱きつき、涙を流していました。

ガネーシャは、大自在天《だいじざいてん》の息子です。大自在天は、シヴァ神のことで、仏教では魔神とされています。その息子ガネーシャは大自在天も手を焼くほどの悪魔でした。目に余る所業に大自在天は怒ります。ついに彼の首をはね、最初に出会った生き物の首をつけよと命じます。それが象だったために、象頭人身のガネーシャが誕生しました。

あるとき、ガネーシャは湖のほとりに一人で佇んでいました。己の醜い姿を嘆き、死を決意したのです。彼は孤独でした。そこに自分と同じ姿をした女性が現れたのです。その女性は、観音様が変身した姿でした。ガネーシャは、救われました。自分と同じ姿をした者がいることを知り、孤独を癒すことができたのです。それ以来、ガネーシャは心を入れ替え、歓喜天として祀られるようになったのです。

間違った道にいる人を正すとき、頭ごなしに叱りつけても、相手は聞く耳を持ちません。理想ばかり述べても、現実は異なるといわれるでしょう。叱るよりも、自らの光を和らげ、相手と同じ立場をとる、それが相手を救う早道なのです。

簡単にすませずに自分の感想を持ちましょう

微《み》妙《みょう》

（典籍：「増壱阿含経」など）

お経を読む前に読むお経、があります。開経偈《かいきょうげ》といわれています。

無上甚深微妙法《むじょうじんじんみみょうほう》　百千万劫難遭遇《ひゃくせんまんごうなんそうぐう》
我今見聞得受持《がこんけんもんとくじゅじ》　願解如来真実義《がんげにょらいしんじつぎ》

（無上で甚深なる微妙の法　百千万劫の間も遭遇しあいあうこと難し
われ今見聞し受持することを得たり　願わくは如来の真実義を解したまえ）

この偈文《げもん》のなかに「微妙」という言葉が出てきています。これは「みみょう」と読みます。意味は「人間の思いもよらぬほど勝れている。大変不思議で、理解の及ばないほど勝れている」というものです。ですから「微妙法」といえば、人間の理解が及ばないほどの教え、となるのです。

近頃は何か感想を求められると、「微妙《びみょう》」と答える方が多くなりました。その一言で片付けられてしまいます。どのように微妙なのか、説明はありません。質問をしたほうも、それ以上の意見を求めません。「微妙」だけで会話が終わってしまうことがよくあります。

なんでも微妙で片付けないで、感想をしっかり持ちましょう。言葉を惜しまず、説明しましょう。そこからお互いの理解が深まるのです。

相当な決意が込められた言葉です

勘《かん》弁《べん》してください

（典籍：「臨済録」）

勘弁とは、禅の修行者がお互いに覚りの深浅を調べるために行う問答のことです。簡単にいえば、禅の修行者同士が力量を試し合うことを意味していました。禅書の『臨済録《りんざいろく》』第三章が「勘弁」で、内容は臨済さんと高僧たちの問答集になっています。

たとえば、弟子が師に対して「勘弁してください」といいます。師が、その弟子のことを試すほどではないと思えば、「勘弁ならぬ」と断ります。力量があると見なされれば、禅問答が始まります。あるいは、師の方から試しがいのある弟子に対し「勘弁してやろう」と声をかけることもあったでしょう。「勘弁してください」という言葉は、禅僧にしてみれば「己を試してください」という意味であり、おそらく命がけの言葉だったことでしょう。「勘弁ならぬ」と追い返されれば、それまでの修行の否定とも受け取れますから。

「勘弁してください」という言葉には、大変重い決意が込められているのです。

もし、あなたが「勘弁してください」というのなら、心から素直に許しを請う気持ちを込めて、深々と頭を下げ「勘弁してください」というべきでしょう。くれぐれも、「まだまだ勘弁ならぬ」と睨み返されないようにしたいですね。また、勘弁してくださいと頭を下げられたら、やさしく勘弁してあげてください。

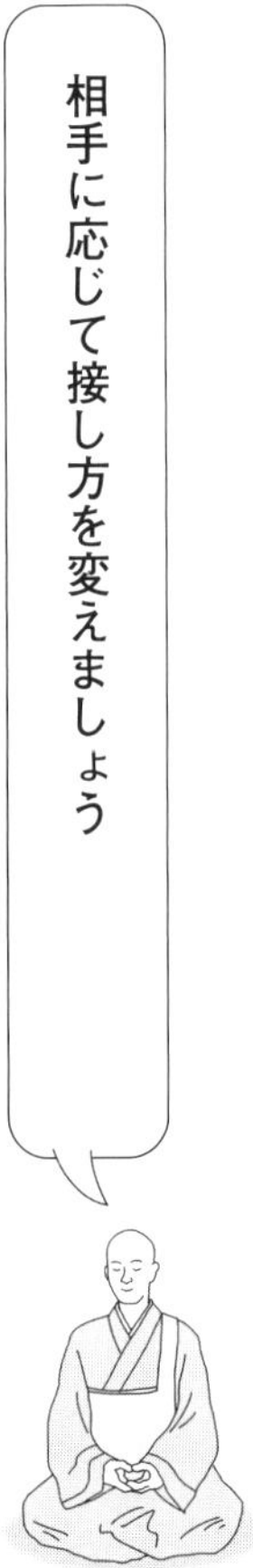

応《おう》機《き》接《せつ》物《もう》

（典籍：「祖堂集」馬祖伝）

現在の仏道修行は、数名から数十名でまとめて行う場合が多いのですが、本来は個人指導が基本でした。師が弟子一人一人を指導していくのです。その場合、師は弟子の素質を素早く判断し、その弟子の素質にあわせて指導します。

「応機接物」とは、相手に応じて正しい対し方をするという意味です。機・物は人々や修行者のことで、応・接は相手に応じて指導することをいいます。つまり、弟子の素質に応じて接し方を変え、よりよい指導をしていく、ということです。また、接する相手に応じて、臨機応変に正しい接し方をする、という意味でもあります。

世の中には、いろいろな性質の人がいます。さっぱりした人、粘着質な人、明るい人、暗い人、愚痴っぽい人、正義感の強い人など、様々です。そうした種々の性質の人たちに、画一的な対応をしていると、誤解を生じたり、理解されなかったりなどというトラブルを起こしかねません。

「相手によって態度が違う」などと揶揄する方もいますが、どんな相手にも同じ対応をするほうが、無理があるのです。他人との正しい接し方というのは、相手の性質に応じて、接し方を変化させることなのです。

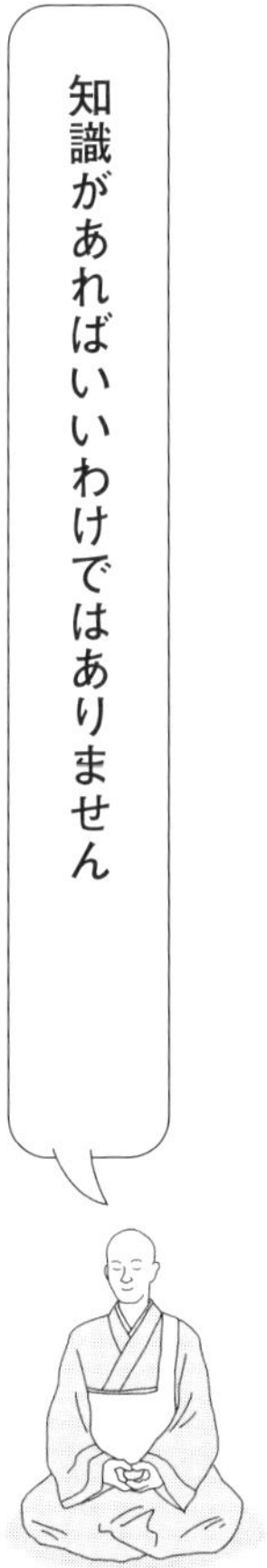

善《ぜん》知《ち》識《しき》

（典籍：「華厳経」「維摩経」など）

知識はないよりもあったほうがいいです。しかし、知識があればいいというものでもありません。知識には善と悪があるからです。

仏教では、知識は友人や修行仲間のことを意味します。ですから知識に善と悪があるのです。善い友人のことを「善知識」、悪い友人のことを「悪知識」といいます。知識を持つことは大切です。それは現代の言葉の意味でも仏教上の意味でもです。しかし、知識も友人もあればいい、というものではありません。善い知識、善い友人を求めるべきでしょう。悪い知識や悪い友ならば、ないほうがいいのです。お釈迦様は説きます。

「悪い友と行くくらいなら、一人孤独にいるほうがよい」

本当の友人ならば、悪の道へ行こうとすれば止めるべきでしょうし、悪の道へ引きずり込むようなことはしません。悪への道を共にしたり、周囲の人を悲しませるような行為をしたりする友人といるならば、一人孤独に過ごしたほうがよいのです。

善知識を求めましょう。そして、自らも善知識であろうとしましょう。身につける知識も友人も善であるほうがいいのです。周囲の人たちを悲しませてはいけないのです。

外《げ》道《どう》・極《ごく》道《どう》・中《ちゅう》道《どう》

（典籍：外道…「倶舎論」など多数／極道…日本での造語／中道…「中阿含経」）

仏教でいう「道」は、「修行過程や方法」を意味します。「仏道」といえば「仏陀になるための修行法」ですし、「道場」といえば「仏道修行の場所」が本来の意味です。「外道」も仏教の言葉です。今ではいい意味では使われませんが、元は「仏教以外の宗派」という意味で使われていました。そこには、卑下も批判もありません。仏教は他の宗派を非難したり批判したりはしません。「人にはその人にあった道がある」というのが仏教思想の基本ですから、あえて他宗派を批判することはなかったのです。「極道」という言葉もあります。この言葉も好印象の言葉ではありません。しかし、元は「道を極める。極楽への道」という意味で使われていました。「極道者」といえば、「道を極めた者」であり、「覚りを得た者」という意味になります。

「中道」も仏教語です。本来は「快楽主義・苦行主義に偏らない修行」を意味しています。仏教は快楽修行も苦行も認めてはいません。むしろ、苦行では覚りは得られない、としています。どちらにも偏らない平等を修行することで覚りに至るのです。

道は一つではありません。いろいろな道があります。あなたがどんな道を選ぼうと、それはあなたの自由です。どんな道でもいいですから、楽ばかり追わず苦労を遠ざけないで、堂々と自分が選んだ道を歩み、その道を極めて欲しいものです。

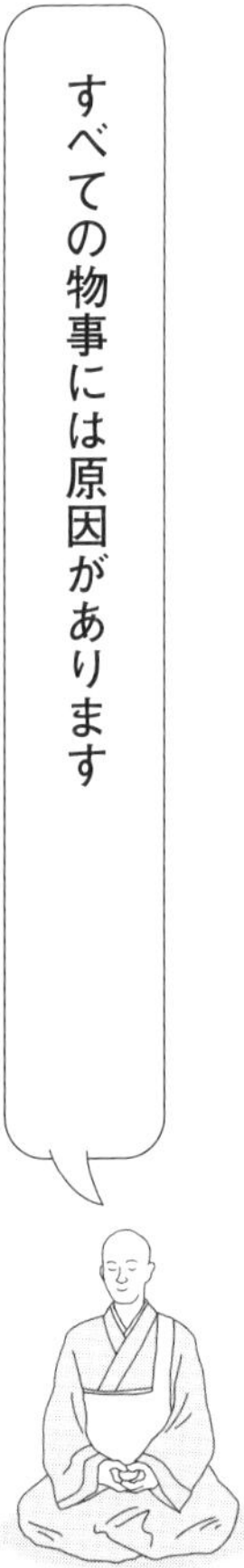

縁《えん》起《ぎ》を担《かつ》ぐ

（典籍：「中阿含経」など）

本来の縁起は担ぐものではありません。いいとか悪いとかを気にするものでもありません。縁起は、知ることが大切なのです。

縁起とは、原因と結果の関わりを説いた教えです。それはこのように説かれます。

「これがあれば、かれがある。これが生ずれば、かれも生ずる。

これがなければ、かれはない。これが滅すれば、かれも滅する」

世の中のすべての現象には必ず原因があります。その原因があったればこそ結果が生まれるのです。ならば、その原因がなければ、それに伴う結果はなくなります。世の中の現象や物事はすべてお互いに関わり合って、結果を生じているのです。そして、その結果が原因となって次の結果を生んでいくのです。

縁起は、起きたことの原因を知りましょう、という教えなのです。悩みの原因、苦しみの原因を知って、その原因を解決すれば悩みも苦しみもなくなるのです。苦しみの原因が滅すれば、苦しみも滅するのです。

悩みや苦しみの原因を探ってみましょう。どうしてそうなったのか、ゆっくり考えてみましょう。あなたの悩みにも必ず原因があるはずです。その原因を知れば、悩みや迷いから解放される方法も見つかることでしょう。

覚りに至る道を歩きましょう

道徳《どうとく》

（典籍：「那先経」「無量寿経」など）

道徳というと、小学校の授業で行うような、社会的常識やモラルを学ぶことと思われるでしょう。ところが、仏教でいう道徳は少々意味が異なります。道徳とは、覚りへの道筋のことを意味しているのです。修行する過程において、正しい生き方を得る、身に着ける、ということが道徳なのです。そのために、八正道《はっしょうどう》という修行法があります。

①正見：正しく見ること。偏った見方をしない、すべてを平等にあるがままに見ること。
②正思惟：感情を入れず、偏った考えをしないこと。
③正語：正しい言葉遣いをすること。嘘をつかない、乱暴な言葉を使わないなど。
④正業：正しい行動をすること。暴力を振るわない、盗まない、性に乱れないなど。
⑤正命：自分の命を生かすこと。
⑥正精進：努力すること。自分を生かすために怠けず努力をすること。
⑦正念：思いを正しくすること。妬まない、怨まない、羨まないことなど。
⑧正定：いつも冷静さを心掛けること。

これら八種の事柄を心掛ければ、自ずとモラルは守られていきます。それどころか、徳のある好人物になっていくことでしょう。

第3章 大切な気付きをくれる仏教の言葉

求めるものではありません

御《ご》利《り》益《やく》

（典籍：利益は「有部律雑事」）

利益と書けば、「りえき」と読みます。企業や商売で追求するものです。この利益に「御」をつけると「御利益」となり、「ごりやく」と読みます。意味は「神仏のおかげ」です。これは追求するものではありません。

企業や商売は、これだけのことをしたならばこの程度の利益が見込める、という計算をします。しかし、御利益となると、その計算は成り立ちません。

神仏に御祈願をいたします。確かに何らかの御利益はあることでしょう。しかし、これだけ祈願したから、この程度の御利益はいただかないと、という御利益の追及は間違っていましょう。あるいは、これほど御祈願したのに御利益が少しもない、と考えるのもおかしな話です。神仏への祈願の御利益は、努力する者に力と勇気をお貸しくださる、というものなのです。そして、日々の信仰の御利益といえば、日々無事に生きていられることなのです。それこそが最大の御利益でしょう。それは生かされているという、謙虚さを知ることでもあるのです。

神仏に祈っても御利益なんてない、と思うのは間違っています。しかし、神仏に御利益を追及するのもいけません。「おかげ」という謙虚さを知ることこそが御利益なのです。

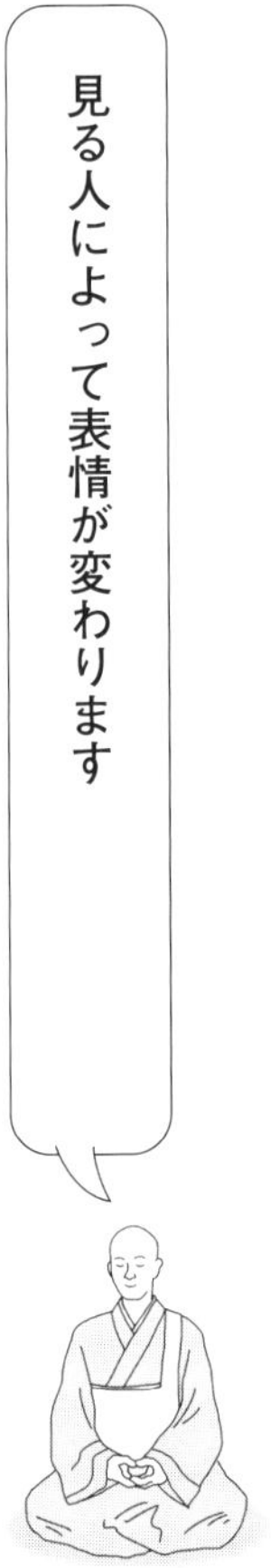

相好《そうごう》を崩《くず》す

（典籍：「倶舎論」）

相好という言葉は顔かたちや容貌という意味ですが、これは「三十二相」と「八十種好」という、仏教語の組み合わせからできています。この言葉は、仏陀となったお釈迦様の身体的特徴を示しています。完全なる覚りを得た仏陀は、三十二種類の身体的特徴と八十種類の細かな特徴を有するのです。ここでそのすべてを紹介することはできませんが、三十二相の中から少し紹介しておきます。

「頭頂部の肉が盛り上がっている」「体毛のすべてが右に渦巻いている」「眉間に白い毛が右回りにはえている」「舌が長く顔を覆うことができる」「肩が丸い」「腋にへこみがない」「身体が黄金に輝いている」「手のひら、足の裏に法輪の模様がある」などです。

仏像をよく見てみますと、そうした特徴が表現されています。なお、古い仏像は黒い色をしていますが、元は金箔が施してありました。

お参りに来られた方から、本尊様の表情が変わるという話をよく聞きます。微笑んでいるように見える時もあれば、怒っているように見える時もあり、悲しいお顔の時もあるそうです。もちろん、仏様のお顔が変わるわけではありません。お参りをしている人の心が、仏様の表情に表れているのですね。仏様が己の心を見透かしているようです。できれば、相好を崩した仏様のお顔をお参りできるようになりたいものです。

やわらか頭になりましょう

まんじゅう

（サンスクリット語の音写）

まんじゅうの語源は中国の饅頭である、というのが通説ですが、意外にもまんじゅうはインドが元であるという説があります。高野山大学の授業で聞いた話です。「まんじゅうは、サンスクリット語の音写です。中国語ではないのだね。元は、マンジュー。そう、文殊菩薩と同じなのですよ。意味は、やわらかい、ということです」

文殊菩薩は、智慧の菩薩様で有名ですね。三人寄れば文殊の智慧、という諺もあります。その名前は、サンスクリット語名をそのまま音写しています。元は、「マンジュシリー　ボーディーサットバ」。マンジューは柔軟な、シリーは吉祥、ボーディーサットバは菩提薩埵です。そのまま音写して文殊師利《もんじゅしり》菩薩と呼ばれています。意味をとれば、柔軟な智慧を持った吉祥をもたらす菩薩、となります。先の授業での話には続きがあります。

「みなさんは、これからおまんじゅうをいただく機会が増えるでしょう。その時は、文殊菩薩様の智慧をいただく、柔らかな頭になるのだ、と思って食べてください」

確かにおまんじゅうをいただく機会は増えました。しかし、なかなか文殊菩薩の智慧まではいただけません。おまんじゅうをいただきながら文殊菩薩の柔軟な智慧もいただければいいのですが、簡単にはいきませんね。

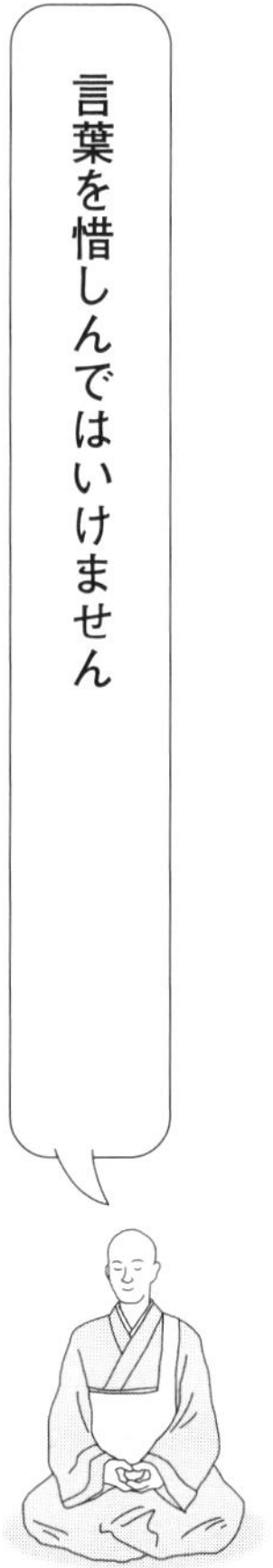

内証《ないしょう》

（典籍：「九字釈」「真言内証」）

内証の話ほど内証にならないものはありません。「内証だけど」と断って話しても、いつの間にか広まってしまいます。しかし、本来の内証は広まることはないのです。内証は、「内緒・内所」とも書きますが、元になっているのは仏教語の「自内証《じないしょう》」です。意味は「自分の心の中の覚りそのもの」です。それは、言葉では表現できないものでしょう。だからこそ、内証であり秘密であるのです。

言葉で表現しがたいものは、覚りだけではありません。人の気持ちも表現が難しいものです。人の心の内そのものを伝えるということは簡単なことではありません。「あなたの気持ちはわかるよ」とはいいますが、本当に気持ちが伝わっているかどうかはわかりません。多くの場合、そのあとに「でもね」がついてきます。相手の気持ちを知ること、自分の気持ちを伝えることは大変な作業なのです。

だからこそ、言葉を尽くして、根気よく、時間をかけて、よく話をしないといけません。内なる思いは言葉で簡単には伝わらないからこそ、言葉を惜しんではいけないのです。

それでも、誰もわかってくれないことがもしあったなら……。誰もいないお寺の本堂で本尊様に打ち明けましょう。内証の話でも大丈夫です。

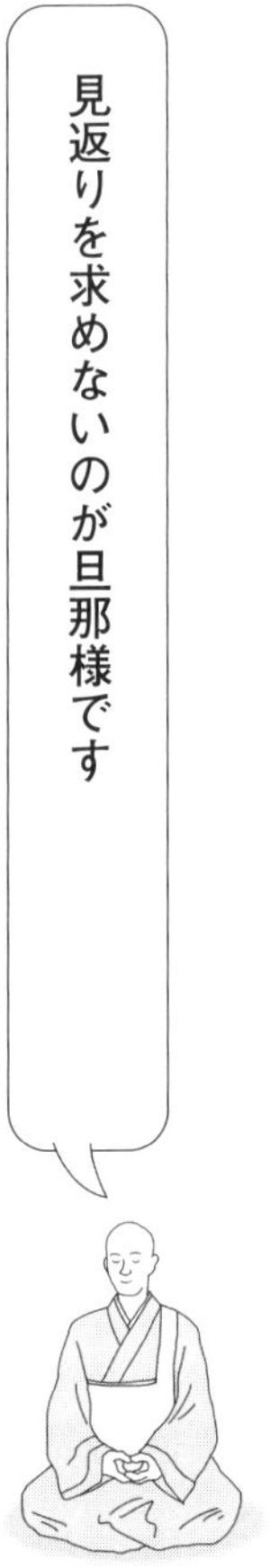

旦那様《だんなさま》

（ダーナの音写）

「お帰りなさいませ、旦那様」と三つ指をついて、主人を迎える奥さまは、現代ではもう見られなくなったのではないでしょうか。旦那様は「ウチの旦那」に格下げされてしまっています。

旦那とは、元はサンスクリット語の「ダーナ、ダーン」を音写した言葉で、本来は「檀那」と書きました。意味は、「布施をする者」です。すなわち、仏教教団維持のため、寺院維持のため、僧侶たちの生活の面倒を見るために布施をした人のことを檀那と呼んだのです。その布施には見返りは求めません。布施すること自体が修行だからです。

その檀那が、一般社会でも使われるようになりました。つまり、お金を稼いできて、奥さんや子供の面倒を見る主人のことを旦那と呼ぶようになったのです。

さて、世の中の旦那様。「旦那様お帰りなさいませ」といって欲しいのでしたら、本来の意味の旦那様に戻ったほうがいいでしょう。何も見返りを求めない無償の布施者になるのです。家の中で威張っているような旦那様は、本当の旦那様ではないのです。

威張らず、文句をいわず、奥さんやお子さんが安楽に過ごせるように生活の面倒を見ることができて、初めて旦那様と呼ばれるのです。

俗にあって俗に染まらない人を目指しましょう

維《ゆい》摩《ま》居《こ》士《じ》

（典籍：「維摩経」）

維摩経というお経があります。主に空を説いたお経です。このお経は、維摩居士という大商人が主役です。

維摩居士は、お釈迦様がいらした当時の都市バイシャリーの大商家の主人でした。商人ですから俗人です。俗人ですから、お酒も飲みます。賭け事もします。色街に通ったりもします。服装も流行ものを身につけています。富と名声があり、国王とも顔見知りです。

しかし、威張ったところは一つもなく、相手がどんな身分であろうが平等に接します。もちろん、嫌味なところなど一つもありません。地域の発展のために進んで協力します。ボランティア活動にも参加します。仏教の篤い信者であり、仏教教団に多くのお布施もします。さらには、仏教にも精通しています。お釈迦様の弟子など太刀打ちできないくらい「空」を理解しています。他人の苦しみをよく理解し、正しい道へ導くこともします。俗人であり、俗な遊びをするにもかかわらず、その心はいつも覚りの境地に漂っているのです。俗にありながら俗に染まっていないのです。

維摩居士は理想の人間像です。誰もが維摩居士になれる可能性があります。金持ちでなくても構いません。その精神が大事なのです。ぜひ、彼の心を目標にしてください。

まだまだやることはあります

未在《みざい》を知《し》る

（典籍：「景徳伝燈録」）

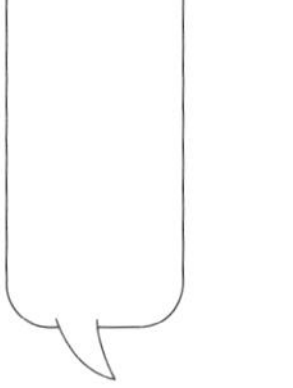

もうこれで十分だ、自分には学ぶことはもうない、と思うのは、大いなる勘違いです。どんな道でも究めることは難しいものです。もう学ぶことはない、と思った時点でその人の成長は止まってしまいます。

覚りへの修行も、終わりはありません。修行者が「もう覚った、これで自分の修行は終わった」と思うのは、うぬぼれであって正しい覚りではありません。そういう者は増上慢《ぞうじょうまん》と非難されたり、「未在を知れ」と叱咤されたりしました。

「未在」とは、まだまだ学ぶべきことがある、という意味です。一度は覚りを得ても、さらなる覚りがあるものなのです。それを知らねば、再び迷いの世界へと転じてしまうものなのです。

覚りへの修行ばかりではありません。いかなることに対しても学ぶことに終わりはないのです。これでもう十分、学ぶことはないなどと思えば、真実に至ることはありません。

「未在未在、さらに修行」

一生修行であり、一生学びであり、一生現役なのです。まだまだやることはあるのです。

この瞬間の積み重ねが未来に繋がっています

刹《せつ》那《な》

（典籍：「大毘婆沙論」「倶舎論」）

「刹那」とはサンスクリット語の「クシャナ」の音写で、最も短い時間の単位のことです。『大毘婆沙論《だいびばしゃろん》』の説をもとに現在の時間に換算すると、一刹那は七十五分の一秒に相当するそうです。

仏教では、この一刹那の間に人の生滅があるとか、一刹那の間に覚りを得るのだと、説きます。一瞬の間に人生を見よ、という教えです。それはすなわち、一瞬たりとも修行を怠るな、という意味でもあります。一瞬一瞬を精一杯大切に生きよ、刹那を充実して生きよ、ということです。それがいつの間にか、今が楽しければいい、という刹那的生き方を表すようになってしまいました。

過去も未来もあるものか、今この瞬間が楽しければいい、という刹那主義的生き方は、長続きさせることはできません。必ず行き詰ります。なぜなら、人には過去も未来もあるからです。この瞬間を快楽に過ごせば、次に来るのは苦なのです。人生は苦楽の繰り返しなのです。

だからこそ、唯今の時間を悔いのないように生かしていくことが大切なのです。この今という瞬間の積み重ねが、明るい未来へと繋がっていくのです。

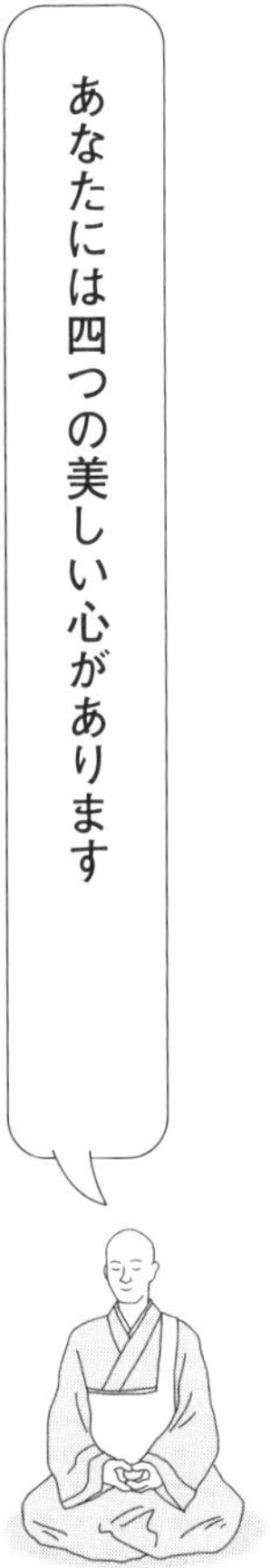

四《し》無《む》量《りよう》心《しん》

（典籍：「維摩経」「選択集」）

人間には美しい心が本来的に備わっています。それは、「慈しみの心」「悲しみを理解する心」「喜びを分かち合う心」「こだわりを捨てる心」です。この四つの美しい心が無量にあることを、四無量心といいます。

自分以外の人々や生き物に対し、誰もが慈しみの心を持っています。かわいい、大切にしたい、安楽を与えたい、そう思う心は誰にでも備わっています。また、他人の悲しいこと、つらいこと、動物などの哀れさを理解できる心も持っています。他人の喜びを祝福する心も持っています。自分の喜びを分け与える心も持っています。そして、嫌な思い出やつらい過去、悲しみを捨てることもできます。新しいことに挑戦し、古いことは捨て去ることができるのです。

ところが、逆の心も持っているのが人間の厄介なところです。

あなたの憎しみは、慈しみの心の裏返しです。蔑《さげす》みは悲しみの心の、妬みは喜びの心の、こだわりは捨て去る心の、裏返しなのです。本来持っている美しい心の裏側が出てしまっているだけなのです。あなたの真実の心は、「慈・悲・喜・捨」の四つの美しい心であることを忘れないでほしいものです。

阿吽《あうん》の呼吸《こきゅう》

（典籍：「大悲空智経」）

「阿吽」は阿《あ》と吽《うん》からできています。これは、悉曇《しったん》（インドの古い言葉）の五十音の初めと終わりの文字です。悉曇は日本語の五十音のもとになったという説もあり、「ア」から始まって「フーン」で終わっています。このことから、阿吽とは「初めから終わりまで」を意味するようになりました。そしてそれは、人生の初めから終わりでもあるのです。

一般的に人は生まれるとき「あー」と泣いて生まれてきます。そして、亡くなるときは「ふーん」と息を吐いて亡くなります。つまり、「あ」から「うん」までには、その人の一生があるわけです。

密教では、阿はすべての源である、と説きます。阿からすべては生まれ出るのです。それは発菩提心でもあります。そして、吽は最終的に至る境地、すなわち覚りを表しています。この世に生まれ出で、覚りを求める心を起こし、そして涅槃に至る。それが阿吽の意味でもあります。

大きな寺院の山門には金剛力士像がありますが、その像は口を開けた「阿形」と口を閉じた「吽形」となっています。また、狛犬も阿形と吽形とがあります。これらは、いずれも生から死まで、初めから終わりまで、発菩提心から覚りまでを表しているのです。

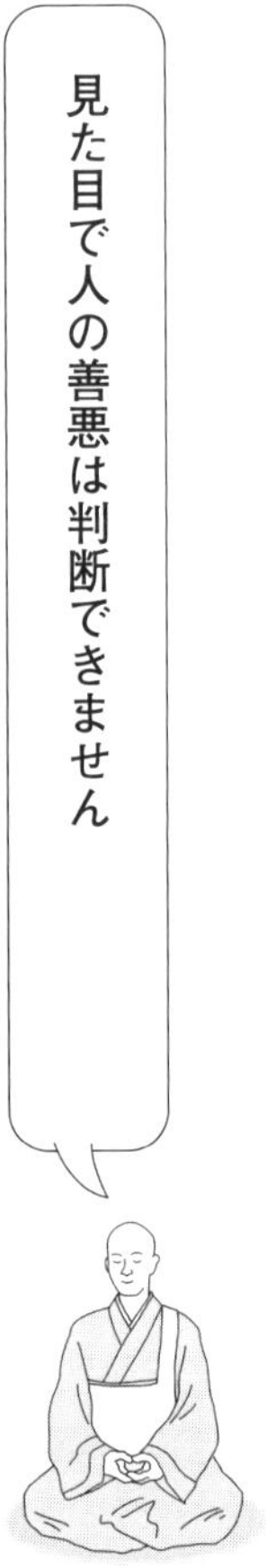

悪《あく》の権化《ごんげ》

（典籍：「法華経」）

あなたの周りに悪の権化のような人はいるでしょうか。権化というと、悪い意味でとられがちですが、もともとは「如来や菩薩が神通力によって、人々の前に現れた種々の化身」のことです。有名なところでは、蔵王権現《ざおうごんげん》があります。

蔵王権現は、目を三つ持ち、憤怒の形相で力強く立っている姿をしています。どちらかというと、恐ろしい容姿です。この姿には、伝説があります。役行者が吉野の金峯山に篭っていたときのことです。瞑想中の役行者の前にお釈迦様、観音菩薩、弥勒菩薩が現れたそうです。役行者が「今の世は乱れている。そのようなやさしい姿では誰も救えぬ」と祈ると、三仏が合体して蔵王権現が現れたのです。蔵王権現は恐ろしい姿はしていますが、実は慈悲の化身・慈悲心の権化だったのです。

悪の権化だ、といわれるような人も、その心は単に真っ直ぐで純粋なのかもしれません。融通のきかない不器用な人なのかもしれません。あるいは、あえて嫌われ役を買って出ているのかもしれません。悪の権化のような人が、実は善の権化なのかもしれないのです。また、神の権化かと思えるような善人が、悪事を犯すこともあります。

外見が恐ろしげな善人、優しそうな悪人。権化にも善と悪があります。外見で判断することは危険なのです。

頼りになるのは自分自身しかありません

依《え》度《たく》作《さ》意《い》

（典籍：「荘厳経論」）

仏教が生まれたころのインドでは、シヴァ神（大自在天）に祈る宗教が主流でした。人々は自分たちの幸福を大自在天に祈願し、いろいろな儀式をしたのです。しかし、仏教は神に祈るということを教えません。むしろ、自らの幸福は自ら得よ、と説きます。それは、出家者であっても一般の人々に対してでも同じです。

仏陀が説いた究極の幸福とは覚りです。一般の人々においては、心の安定を得ることです。それを手にするためには、神に祈るのではなく、自分で追い求める必要があります。「依度作意」とは、それを示した言葉です。

現代でも、人々は様々な神仏に祈願をします。それは、決して悪いことではありません。大乗仏教においては、祈願を否定はしません。しかし、祈願だけで終わって欲しくはありません。神仏の力を知ったのでしたら、その奥にある教えにも触れて欲しいのです。そして、祈る必要がないような心の安定を得て欲しいのです。

神仏に祈ることも大切です。祈りを奉げることもいいことです。しかし、最終的には自分自身なのです。自分の人生は、自分で決めていかねばなりません。最も頼りになるのは、自分自身でなければならないのです。

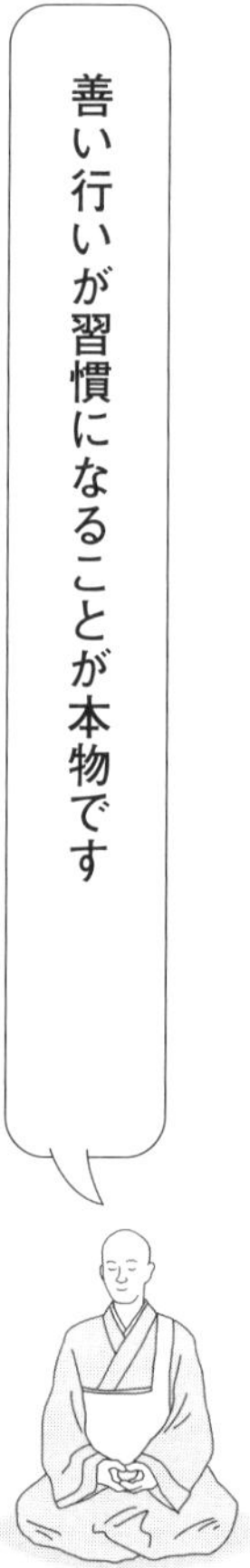

律《りつ》儀《ぎ》無《む》表《ひょう》

（典籍：「倶舎論」）

義理堅く実直で真面目な人のことを、律儀な人といいます。この律儀とは、もともとは仏教の言葉で、「りつぎ」と読み、自分の行いを抑制することを意味しています。つまり、悪いことをせず善い行いをするよう、自分自身をコントロールすることを「律儀」というのです。そこから、悪いことをせず実直で堅い人間を律儀な人というようになったのです。

『倶舎論《くしゃろん》』に「律儀無表」という言葉があります。漢字だけを見ると、律儀でないことのように思えますが、そうではありません。「無表」とは、表面に表さない「無表情」ということではなく、習慣となることを意味しています。したがって、「律儀無表」とは律儀が習慣づくことを意味しています。特に、必ず善を行う決意を誓い、習慣化することを表しているのです。

真の律儀な人とは、善い行いをしようと誓って、それを毎日実行し、習慣化してしまった人のことをいうのです。知らず知らずのうちに、善い行いをしているというのが本物なのです。

それは、誰しもふとしたときに行ってはいないでしょうか。無意識のうちに善いことをしているというのは、よくあることです。実は、誰もが律儀無表な人なのです。

お彼《ひ》岸《がん》参《まい》り

（典籍：彼岸と此岸は「雑阿含経」など）

春分や秋分の日の前後、お墓参りをしたり、ご先祖の供養をしたりすることをお彼岸参りといいます。この、お彼岸の彼岸とは、どこの岸のことかご存知でしょうか。彼岸とは、実は覚りの世界のことを意味しています。迷いの世界を「此岸《しがん》」といい、それに対する覚りの世界を「彼岸」といったのです。

お彼岸参りは、善導の「観経疏定善義《かんぎょうしょじょうぜんぎ》」に説くところから始まったといわれます。それには、「春秋に太陽が真西に沈む日があり、阿弥陀如来の極楽浄土はその方向十万億土の彼方である」とあります。そこから、春分と秋分の日に阿弥陀如来の極楽浄土への往生を願って、沈みゆく太陽に向かってお参りするという信仰が生まれたようです。

極楽浄土は覚った者が生まれ変わる世界ではありませんが、阿弥陀如来の浄土ということから覚りの世界と同じように扱われ、彼岸ともいわれるようになりました。いつしか、先祖が極楽へ往生できるようにという供養が重なり、現在のお彼岸供養となったのです。

春分と秋分の日、沈みゆく太陽に極楽浄土を重ね、阿弥陀如来を念じるのもいいでしょう。阿弥陀如来のお姿が、太陽の中に浮かぶかもしれません。そうすれば、つらい思いも嫌なことも、沈みゆく太陽と共に消えてなくなることもあることでしょう。

たまには肉料理を離れてみましょう

精《しょう》進《じん》料《りょう》理《り》

（典籍：精進は「法華経」など多数、食事としての精進は「今昔物語」など）

精進とは、努力する・励むという意味です。精進料理をそのまま解説すると、努力するための料理となってしまいます。

仏教が中国に伝わる以前は、精進料理はありませんでした。初期仏教では各家庭を托鉢して食事を得ました。その食事は家庭料理ですから、肉や魚介類が入っています。それを食べるので、肉や魚介類を食べてはいけないという戒律はなかったのです。

ところが、仏教が中国に伝わるにつれ、托鉢はなくなり、寺院内で食事を作るようになりました。殺生ができないため、肉や魚介類を使わない料理となります。それは修行者の食事であり、清らかな料理とされました。こうしてお寺で食べる肉や魚介類を使わない料理は、いつしか修行して心身を清める料理という意味を込めて「精進料理」と呼ばれるようになったのです。

仏教の戒律には、肉や魚介類を食べてはいけないという戒律はありません。しかし、お寺では精進料理が普通です。特に修業期間中は精進料理で一汁一菜です。

精進料理はいいものです。いかにも心身を清めそうな料理です。身体のことを考えれば、たまには肉料理を離れて、精進料理もいいのではないでしょうか。身も心も清められること請け合いです。

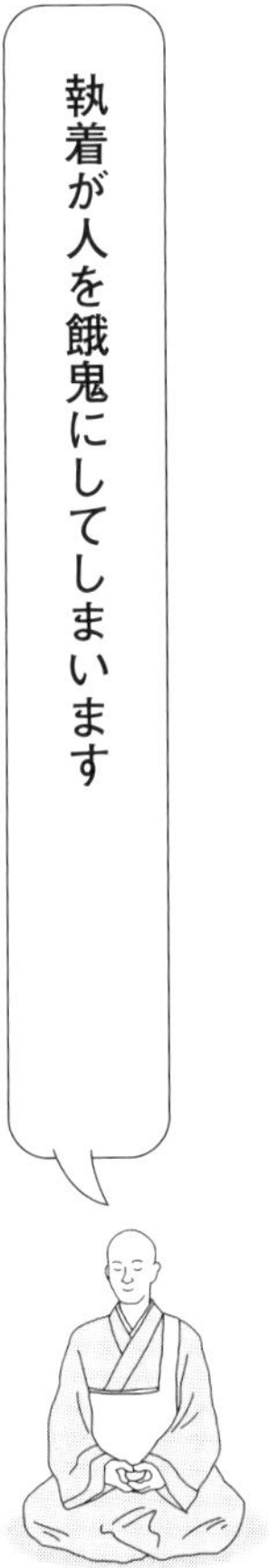

我《が》利《り》我《が》利《り》亡《もう》者《じゃ》

（典籍：我利我利は日本での俗語、亡者は「楞厳経」など）

我利我利亡者という言葉は、最近ではあまり聞かれなくなりました。痩せている人のことを「ガリガリ」と表現しますが、その元が我利我利亡者なのです。

我利我利亡者とは、「我が利益、我が利益と追い求めるばかりで、正しい心を失った者」という意味です。「亡者」とは「死者」のことですが、この場合は生きている人に対していうので、「人間としての心を失った者」という意味になります。簡単にいえば「自分の金儲けのためなら何でもする」という人のことです。そういう人のことを仏教では「餓鬼」とも呼びます。

餓鬼界とは、六道輪廻のうち、地獄に次いで悪い世界です。生きているとき、自分の利益に執着し、なりふり構わず自己利益に執念を燃やした者が餓鬼になるのです。その姿は醜く、喉はやせ細り満足に食を得ることもできず、手足は骨に皮のみという状態です。それは、我欲により、執念と妄念にとりつかれたなれの果てなのです。

何かに一生懸命取り組むことは大切です。お金儲けも大事でしょう。ダイエットも美貌を保つことも健康を維持することも大切です。しかし、どんな場合でも限度がありますし、バランスが悪くてはいけません。物事に執念を燃やしすぎれば、我利我利亡者となり餓鬼へと変貌してしまうのです。何事もほどほどを心掛けたいですね。

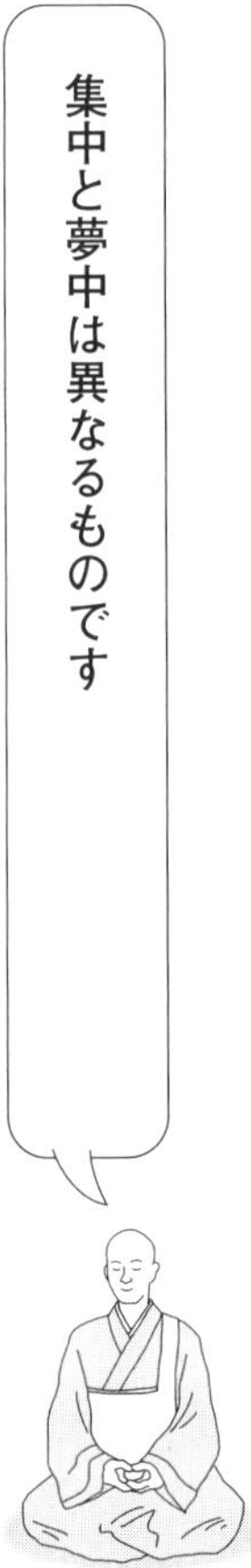

三《さん》昧《まい》魔《ま》

（典籍：「華厳経」）

三昧といえば、何かに夢中になっていること、集中していることを意味しています。贅沢三昧、映画三昧、読書三昧などといいます。この三昧は、サンスクリット語の「サマーディ」の音写です。意味は心静かに集中することです。禅定と同じ意味を持っています。したがって、三昧は心が安定し穏やかな状態になっていなければなりません。

しかし、三昧の中でも厄介な三昧もあります。それが「三昧魔」です。三昧にとらわれ、三昧の意味を見失うことです。つまり、集中しようとして集中できなくなり焦ってしまう、落ち着こうとして落ち着けなくなり焦り出す。そんな状態を三昧魔といいます。また、三昧に執着しすぎて夢中になってしまうことも三昧魔に入ります。

本来の三昧は心が穏やかに安定した状態でした。ところが、三昧魔は夢中になってしまうのです。同じ集中した状態でも三昧魔は心穏やかではなく、やや興奮状態にあるのです。

何かに夢中になっているとき、周囲のことが耳に入らなくなってしまいます。それは、集中しているようで集中ではないのです。魔にとらわれているだけなのです。

集中しているときの心は、穏やかで静かなるものなのです。三昧魔に心を奪われないようにしてください。

求めるものではありません

三《さん》明《みょう》・六《ろく》通《つう》

（典籍：「倶舎論」）

仏教の説話を読んでいますと、神通力がよく出てきます。神通力とは、覚りを得たものが手にいれることのできる超能力のことです。それは、三明・六通と呼ばれています。

①行きたいところへ自由に行ける神足通《じんそくつう》
②自分や他人の未来を見通す天眼通《てんげんつう》
③普通の人が聞こえない音を聞く天耳通《てんにつう》
④他人の心を読む他心通《たしんつう》
⑤自分や他人の過去世を知る宿命通《しゅくみょうつう》
⑥煩悩を取り去る能力である漏尽通《ろじんつう》

この中でも天眼通・宿命通・漏尽通を三明といい、六通の中でも重要な神通力とされています。このような神通力があったら大変便利です。特に三明は、修行すれば得られるということでしたら、望む人は多いのではないでしょうか。

しかし、そんなに甘くはありません。超能力や霊能力が得られるといって入信を勧める宗教がありますが、これは本末転倒なのです。神通力は求めるものではありません。覚りを求める修行をしているうちに、心の強さとともに自然に身につくものなのです。

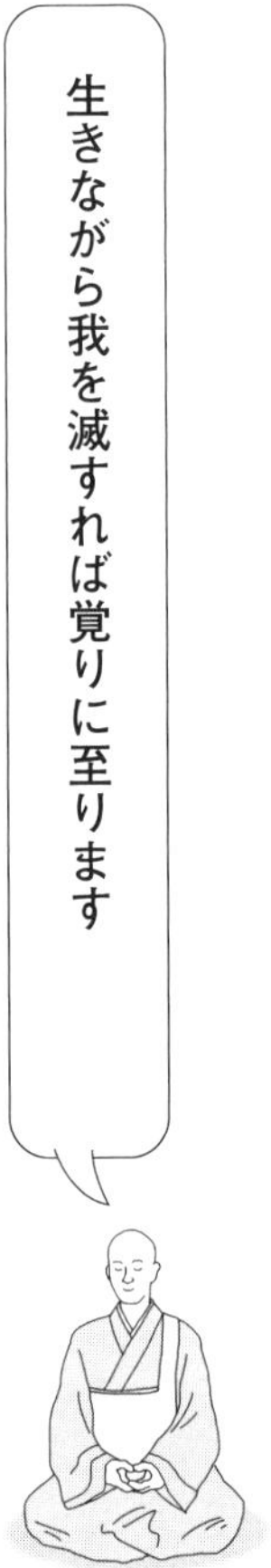

因《いん》縁《ねん》生《しょう》滅《めつ》理《り》

（典籍：不明）

因縁は仏教の基本的理念です。一切の存在は、すべてその存在原因があります。原因に様々な作用が影響して、存在が生まれてくる、というのが因縁です。原因が「因」で、作用が影響することを「縁」といいます。

この世の存在と出会ったり関係しあったり、様々な現象や出来事と出会うのは、この世に自分自身が存在するからです。「我」というものが存在しなければ、この世の一切の存在や現象と関わることはありません。ですから、一切の存在が存在する理由は、「我」が存在することによります。「我」が滅してしまえば、一切の存在も滅しまず。これが「因縁生滅理」です。「我」が生じるから一切が存在し、「我」が滅すれば一切が滅するのです。これを理解すれば、覚りに至ります。

ならば、自分を滅してしまえば、いろいろな悩みや苦しみから解放されるのか、というとそうではありません。ここでいう「我」を滅するとは、生きていて行うものであり、自分が死ぬことではないのです。「我」を滅するとは、自分と他人の差別を無にし、誰にでも平等に接することができ、どんなことが起きても怒らず、嘆かず、怨まず、妬まず、清々しい気持ちでいられることです。それが「我」を滅することなのです。

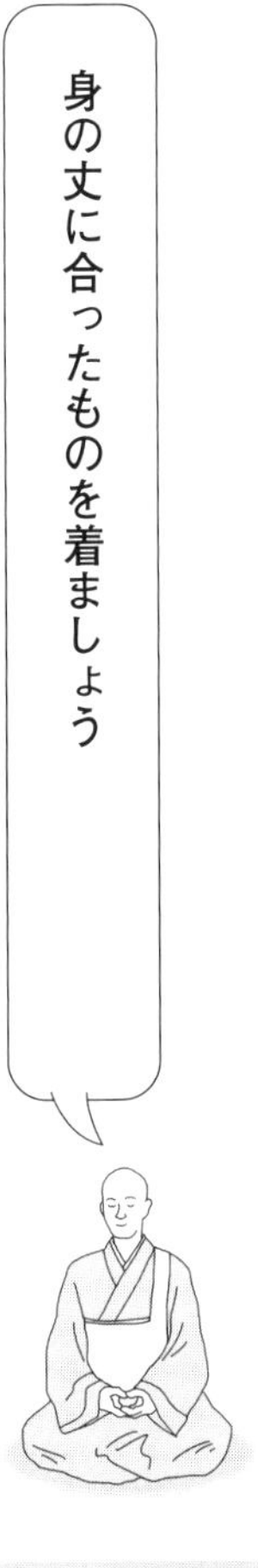

大袈裟《おおげさ》

（日本固有の袈裟）

袈裟は、お坊さんが身につける衣の中でも最も大切なものです。袈裟を身につけるということは、正しい僧侶の証でもあるのです。

袈裟とは、サンスクリット語の「カシャーヤ」を音写したものです。翻訳すると「赤褐色」となります。「壊色《えじき》・染衣《ぜんね》」とも訳されます。

袈裟は本来ボロ布をつなぎ合わせて作られました。そして、牛糞や泥、ウコンなどで染めたのです。そこから、カシャーヤと呼ばれるようになったのです。

その袈裟には種類があります。普段使用しているのが如法衣《にょほうえ》です。大きな法会のときには衲衣《のうえ》と言われる豪華絢爛な袈裟を身につけます。これがいわゆる大袈裟といわれるものです。衲衣は、位が上位の僧侶が身につける袈裟です。実力もないのにこの袈裟をつけると批判されました。また、衲衣は重いので、身につけると威張って見えるのです。そうしたことから、小さなことを大きくいうことを大袈裟というようになったのです。

事実は事実の通りに伝えたほうがいいでしょう。小さなことを大きくいう必要はないのです。自分の実力に見合っていないことは、すぐにわかってしまいます。あまり大袈裟にいったり、大袈裟な態度をとったりすると、恥をかくだけなのです。

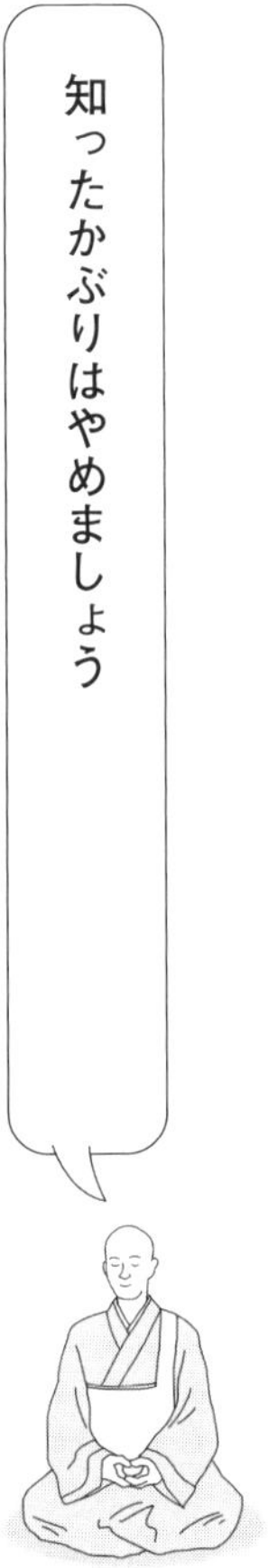

暗証《あんしょう》

（日本だけの語。禅者と他宗派との間での言葉）

この暗証という言葉、仏教の世界ではあまりいい意味ではありません。むしろ、
「暗証とは愚か者め！」
と叱咤されます。暗証とは、力量のない禅者や覚ってもいないのに覚ったと偽る禅者のことをいうのです。

禅の覚りは、言葉では伝わらないところにあります。ですから、説明できないことが多いのです。そこで禅問答を通して覚っているかどうかを判断するのですが、慣れてくると覚ってもいないのに答え方がわかる場合があるのです。

たとえば、禅問答で答えに窮した場合、相手を叩いたりしても可とされるのです。しかも、それで覚ったと認められることもあったのです。このように、禅の覚りが言葉では説明できないことを利用し、覚ったふりをすることを暗証禅といったのです。

世の中を見渡しますと、暗証の人が溢れているともいえましょう。わかった振りをして、その実わかっていないという人が多いように思えます。真実を知るまで、「わかった」といわないほうがいいですね。知らないことは、知ったかぶりしないで、素直に聞きましょう。そのほうが、気持ちがいいですよ。

あまりにも遠すぎる距離です

金《こん》輪《りん》際《ざい》

（典籍：「倶舎論」）

「金輪際あなたとは会いません」といわれたことはあるでしょうか。そういわれた方、ショックが大きいと思いますが、さらにそのショックが大きくなるお話です。

古代インド人は、宇宙に大きな円筒状の層があると考えました。その層は高さが160万由旬《ゆじゅん》、直径が0・3阿僧祇《あそうぎ》由旬あります（1由旬は約7キロメートル）。現在の大きさに換算すると、高さ1120万キロメートル、直径2・1×10の64乗となります。

この円筒状の層を風輪といいます。その上に高さ80万由旬、直径120万3450由旬の水輪という円筒が載っています。さらにその上に同じ直径で高さが32万由旬の円筒が載っています。これを金輪といいます。その金輪の上に載っているのが、地獄の住人から神々が住まうという須弥山《しゅみせん》です。これが古代インド人の宇宙観です。

金輪際というのは、金輪と水輪の境のことです。金輪際は地獄の下32万由旬にあります。我々が住んでいる大地から地獄の底までの距離は15万由旬なので、この地上から金輪際までの距離は47万由旬あることになります。換算しますと、329万キロメートル離れているということになります。金輪際会いたくないといわれた方は、きれいさっぱりあきらめましょう。また、金輪際という言葉を使うときは、確固たる決意を込めて使いましょう。金輪際はあまりにも遠すぎますから。

上《じょう》求《ぐ》菩《ぼ》提《だい》下《げ》化《け》衆《しゅ》生《じょう》

（典籍：「摩訶止観」）

菩薩とは、菩提薩埵の略語です。菩提薩埵は、サンスクリット語の「ボーディサットヴァ」の音写で、意味は「覚りを求める人」です。菩提が覚り、薩埵が求める人ですが、菩薩は衆生救済を誓ってもいるのです。

菩薩といえば、観世音菩薩・地蔵菩薩・文殊菩薩・普賢菩薩などの名前を思い浮かべるのではないでしょうか。これら菩薩は、実は覚りを得ています。しかし、完全なる覚りを得てしまっては、衆生救済ができません。なぜなら、衆生を救いたいという気持ちも一つの欲望だからです。ですから、あえて菩薩は仏陀と同じ如来の世界には行かないで、一歩手前の菩薩の位置にいるのです。一切の人々の苦しみを取り除き、安楽を与えるために菩薩でいるのです。

その菩薩の心を表した言葉が「上求菩提下化衆生」です。すなわち、「上に向かっては覚りを求め、下に向かっては衆生を救済する」、これが菩薩なのです。

向上心は大切です。自分をよりよい位置に高めることは、疎かにしてはいけないでしょう。しかし、それだけではバランスがよくありません。周囲への思いやりも必要です。向上心があまりに強くなり過ぎると、周囲への配慮ができなくなることがあります。自分を高めることと、周囲への思いやりを兼ね備えれば、あなたも菩薩です。

億劫《おっくう》

（典籍：「法華経」）

中年を過ぎてくると何かと億劫になりがちです。体力もなくなり、「あぁ、億劫だな」とつぶやくこともあります。年はとりたくありません。

億劫は、そもそも仏教の言葉で、「おくこう」と読みます。それが詰まって「おっくう」となったのでしょう。億劫は「億」と「劫」という言葉からできています。億はみなさんよくご存知、数の単位です。劫も同じく単位です。

一辺が160キロメートルの巨大なサイコロを想像してみてください。そのサイコロは、すごく硬い石でできています。百年に一度、天女が下りてきて、その巨大な石を天女の衣でこすります。それを繰り返すうちに、やがてその石はなくなります。大変長い時間がかかりますが、必ずなくなります。そう、その石がなくなるまでの時間が「一劫」なのです。別の言い方をすれば、一劫は宇宙の一生の時間ともいわれています。億劫というと、この一劫の一億倍となります。億劫はとてつもなく長い時間なのです。

「あぁ、億劫だ」と思うということは、とてつもなく長い時間を過ごすという意味でもあります。あまり億劫がらずに、身体を動かしましょう。面倒なことでも時間をかければ成し遂げることができるものです。一劫をかけて石がなくなるように。

用心《ようじん》する

（典籍：「有部律雑事」など）

物騒な世の中、何かと用心に越したことはありません。用心の意味は「よく注意をする」ということです。そもそもは、心を働かせること、心配りの意味でした。用は、仏教では「ゆう」と読みます。受け入れることを意味しており、「受用《じゆゆう》」という言葉で使います。用事といえば「ゆうじ」と読み、「受け入れ楽しむ」ことを意味しています。用意は「ようい」で、読み方は現代と同じですが、意味は心構えを意味しています。「用意しなさい」といわれれば、「心の準備をする」だけでいいのです。

さて、「用心」です。これも読み方は現代と同じですが、意味は「心配りをすること。心掛け、気遣い」となります。昔の修行者の間で「用心しなさい」といえば、「気遣いしなさい、心配りを忘れないように」という意味だったのです。

現代でも「用心しなさい」といった場合、ただ「注意しなさい」という意味だけでなく、注意の上に注意を重ねよ、もっと慎重になりなさい、という強調が込められています。

何かと用心が必要な世の中です。特に人間関係には本来の意味での用心が必要です。周囲への心配りや気遣いを忘れないようにしたいものです。人間関係にこそ、御用心、御用心。

覚りとは積極的なあきらめでもあります

覚《かく》悟《ご》

（典籍：「中阿含経」など）

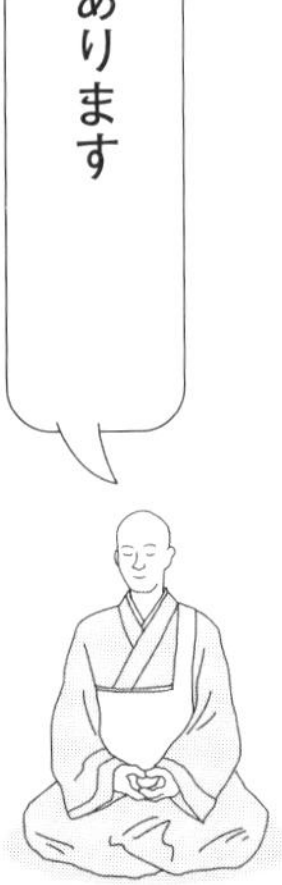

覚悟を決めるのは、意外と勇気のいるものです。覚悟を決めたつもりでも、腰が引けたり気が変わったりすることもよくある話です。

覚悟は、覚って悟る、と書きます。覚ることをさらに悟るのです。これは簡単なことではありません。覚ることだけでも大変なのに、さらに悟るのですから、難しいどころではありません。

覚って悟るとは、覚りをあきらめる、という意味でもあります。あきらめとは、本来は「明らかにする、覚りを明らかにする」という仏教語で、現代で使う「あきらめる」とは異なります。しかし、覚ることは、一種あきらめの境地なのかもしれません。ただし、それは、絶望的なあきらめではなく、積極的なあきらめなのです。

覚悟を決めるということは、その結果が吉と出るか凶と出るか、どちらが出てもいいのだ、と腹をくくることでしょう。やるべきことはやった、最善を尽くした、あとはどんな結果が出ようと、すべてを受け入れよう、と。

最善を尽くしたか、もう道はないのか、ここまで至る道理は明らかか、本当に打つ手はないのかと、よく検討してから覚悟を決めてください。

生きることに退屈しないようにしましょう

退屈《たいくつ》を退《しりぞ》ける

（典籍：「倶舎論」）

退屈だといって暇を持て余すのは、意外につらいものがあります。何もやることがないというのは、苦痛なのです。できれば退屈な人生は送りたくないものです。

仏教の修行者にとっても退屈は大きな敵です。修行者は決して退屈してはいけません。なぜなら、退屈とは「覚りを求める心が退き、屈してしまうこと」だからです。つまり、修行が嫌になってしまい、逃げ出したくなることを意味しているのです。

一般的に僧侶の修行は厳しいものです。多くの場合、何ヶ月かの缶詰め生活を送ることになります。世間とは完全に隔離されます。その厳しさに途中でついていけなくなってしまう修行者も出てきます。当初の志はぽっきり屈してしまい、退いてしまうのです。修行は、いわば退屈との戦いでもあります。退屈しないように、退屈を退けるように努力するのです。

修行だけではありません。世の中、退屈との戦いであるとも言えます。仕事にしても勉強にしても、結婚生活も……すべてにおいて、途中で気持ちが萎えたり、目標を見失ったり、嫌になったり、逃げ出したくなったり、夢や希望を簡単にあきらめたりしないようにしたいものです。人生に退屈しないようにしてください。

知事《ちじ》

（典籍：「大方便仏報恩経」「正法眼蔵」）

知事といえば、各都道府県の長のことですが、お寺の役職にも知事があることをご存知でしょうか。実は、寺院の知事が本家で、現在一般的に使われている知事はそれを真似たのです。

知事とは僧団内の役職のことで、教団の財物の保護や修行僧が所望する物を必要に応じて差し出す役目を担っていました。お寺の財物の管理係ですね。また、禅寺では、寺院運営を司る役職でもあります。「知」とは知るという意味ではなく、物事を「司る」という意味です。

寺院での知事職に就くことができる僧侶は、「よく戒律を守り、公正な心を有する聖者」でなければなりません。寺院の財産を管理運営するのですから、当然のことです。

現代の知事さんも市民からの信頼がなければ、その役職をまっとうすることはできません。知事は、その団体の長であり、団体の財産を守る役目にあります。ですから、公正で社会のルールを守ることが大原則です。知事さんご自身も、また知事を選ぶ市民も、知事の原点を知っていたほうがいいと思います。市民の財産を守るのが知事さんの役目なのですから。

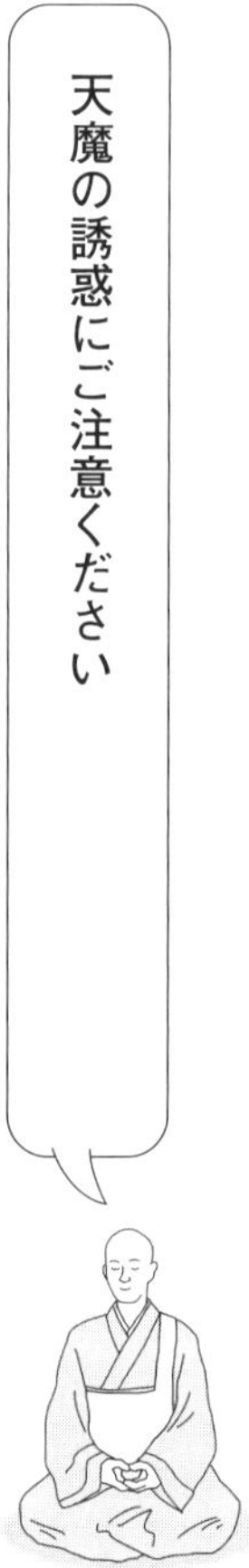

第六天《だいろくてん》の外道《げどう》・天魔《てんま》

（典籍：「華厳経」）

お釈迦様が覚りを得るとき、様々な誘惑が襲ってきたといわれています。その誘惑をした悪魔は、他化自在天《たけじざいてん》といわれる神だったのです。

他化自在天は、下から数えて六番目の天界に住む天魔と呼ばれる神でした。彼は、世の人々が快楽に溺れることを喜びとしたり、人々が善行をしようとすると邪魔をしたりする神でした。そんな神ですから、聖者である仏陀が誕生するのは困るのです。そこで、お釈迦様が覚りを得ようとしていたとき、様々な誘惑で邪魔をしました。たとえば、地位や名誉、金銭、女性、健康な肉体、そして将来の安らかな死……。修行を止めることと引き換えに与えよう、というのです。しかし、お釈迦様は、そうした誘惑を悉く退けたのです。ついに他化自在天は、負けを認め退散してしまうのです。

世の中には、多くの誘惑があります。金銭的誘惑、異性の誘惑、地位や名誉の誘惑など、周りを見れば誘惑だらけです。人は誘惑の中に生きているようなものでしょう。

その誘惑に負けてはいけません。これぐらいは大丈夫だろう、わかりはしないだろう、少しくらいいいだろう、という天魔の囁きに負けてはいけないのです。天魔はいつもあなたを狙っています。くれぐれもご注意ください。

伝える努力があってこそ以心伝心は生まれます

拈《ねん》華《げ》微《み》笑《しょう》

（典籍：「宗門統要」「碧巌録」）

「ある時、お釈迦様が霊鷲山《りょうじゅせん》で多くの弟子達に教えを説いていた時のこと。お釈迦様は、傍らにあった蓮の華を手にとって、その華を拈《ひね》って弟子たちに示した。弟子たちはみな黙し、誰一人応じる者はなかった。ただ一人、マハーカーシャパのみがその意味を了解して微笑した。そこでお釈迦様は彼にだけ、正法眼蔵《しょうぼうげんぞう》・涅槃《ねはん》妙心《みょうしん》・実相《じっそう》無相《むそう》・微《み》妙《みょう》法門《ほうもん》・不立《ふりゅう》文字《もんじ》・教外《きょうげ》別伝《べつでん》の真理を授けた」

これが「拈華微笑」と言われる逸話です。この逸話が基になって、以心伝心という禅の教えが確立されました。それ以来、禅門では言葉ではなく、座禅や問答、音や作業などで覚りを伝えてきました。それは一種の閃きであって、言葉で教えられるものでも伝わるものでもない、ということです。

しかし、以心伝心できる者は、ほんのわずかなのです。伝えるほうも、理解できるほうも少ないのです。多くの人は、言葉でなければ伝えることはできません。大勢いたお釈迦様の弟子の中でも、たった一人しかお釈迦様の真意を理解できなかったのです。

コミュニケーションは大切です。言わなくてもわかるだろう、それくらい察して欲しいということは、困難なことなのです。言葉を惜しむことなく伝える努力をしたほうが理解されるのです。その積み重ねがあってこそ、以心伝心は生まれるのです。

■ **著者紹介**
鳥沢廣栄（とりざわ・こうえい）

1961年生まれ、岐阜県出身。

理系の大学へ入学するも、４年生のはじめに退学。

その後、高野山大学文学部密教学科へ編入。

卒業後、岐阜に戻り、法恩院の住職となる。

檀家のない寺で、主に相談事、悩み事などを聞く毎日を過ごしている。

著書に『お坊さんが教える　「イライラ」がスーッと消える方法』『お坊さんが教える　わずらわしい人間関係が楽になる方法』（彩図社）がある。

イラスト：梅脇かおり

心のモヤモヤがスッキリ消える仏教の言葉

2022年２月14日　第１刷

著　者　鳥沢廣栄
発行人　山田有司
発行所　株式会社彩図社
〒170-0005
東京都豊島区南大塚3-24-4ＭＴビル
TEL 03-5985-8213　FAX 03-5985-8224

URL：https://www.saiz.co.jp/
Twitter：https://twitter.com/saiz_sha

印刷所　新灯印刷株式会社

ISBN978-4-8013-0580-9 C0195

本書は、2016年２月に小社より刊行された同名書籍を修正の上、文庫化したものです。